地総705準拠

わたしたちの地理総合 ワークブック 解答編

世界の国と地域をみてみよう　　　　　p.2〜3

Work

(1) ①ドイツ　②イギリス　③フランス　④イタリア　⑤トルコ
⑥南アフリカ共和国　⑦サウジアラビア　⑧ロシア　⑨中国
⑩インド　⑪日本　⑫韓国　⑬インドネシア　⑭オーストラリア
⑮カナダ　⑯アメリカ　⑰メキシコ　⑱ブラジル
⑲アルゼンチン　　　　(2)(3)　略

Challenge

(1)アイスランド　(2)マダガスカル　(3)キューバ
(4)ニュージーランド　(5)スイス　(6)エジプト　(7)タイ　(8)ペルー
(9)ライン川　(10)ガンジス川　(11)黄河　(12)アマゾン川

❶❷球面上での生活①・②／❸世界地図でとらえる地球　　　　　p.4〜5

Basic ①緯度　②北緯　③南緯　④経度　⑤東経　⑥西経
⑦気温　⑧地軸　⑨公転　⑩夏至　⑪冬至　⑫白夜　⑬極夜
⑭自転　⑮15　⑯135　⑰標準時子午線　⑱本初子午線
⑲協定世界時　⑳日付変更線

Work

(1) A：メルカトル／角度
　　B：正距方位／中心からの距離と方位
　　C：モルワイデ／面積

(2) サンフランシスコ：北東　ブエノスアイレス：東

(3)

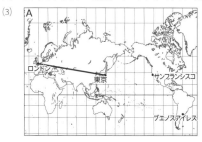

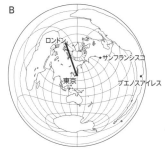

Challenge

① 15日17時　② 135°E／+9　③ 15日12時

④ 30°E／+2／15日7時　⑤−3／15日2時
⑥−10／14日19時

❶国家の領域と海洋の役割／❷日本の位置と領土問題　　　　　p.6〜7

Basic ①領域　②国民　③主権　④自然的国境
⑤人為的国境　⑥領土　⑦領海　⑧領空　⑨接続水域
⑩排他的経済水域　⑪公海　⑫北海　⑬ 37.8万
⑭ 405万　⑮大陸棚　⑯北方領土　⑰日露和親条約
⑱日ソ共同宣言　⑲竹島　⑳尖閣諸島

Work1 ア：領空　イ：領土　ウ：領海　エ：接続水域
　　　　オ：排他的経済水域　カ：公海　キ：大陸棚

Work2 (1)　北端：択捉　東端：南鳥　南端：沖ノ鳥
　　　　　　西端：与那国　　　(2)(3)　略

(4)　A：熱水鉱床　B：メタンハイドレート
　　C：メタンハイドレート　D：コバルト　E：メタン

❶国家をこえた結びつき／地理のスキルアップ①・②　　　　　p.8〜9

Basic ①政府開発援助　②国交　③主権　④外交関係
⑤中国　⑥韓国　⑦オランダ　⑧アメリカ　⑨同盟国
⑩地域経済圏　⑪欧州連合　⑫アメリカ・メキシコ・カナダ協定
⑬東南アジア諸国連合　⑭南米南部共同市場　⑮アフリカ連合
⑯国際連合　⑰国連教育科学文化機関　⑱国際通貨基金

Work A：図形表現図／イ　B：カルトグラム／エ
　　　　C：階級区分図／ウ　D：ドットマップ／ア

Challenge 手順①②　略

手順③・日本や韓国，中国など東アジアの国の多くは自然増加
　　　　率が低い。
　　　　・東南アジアの国々は自然増加率が高い。

❷観光による結びつき／❸交通・通信による結びつき　　　　　p.10〜11

Basic ①東アジア　②観光ビザ　③ビザなし渡航
④クールジャパン　⑤アメリカ　⑥アジア　⑦世界遺産
⑧バカンス　⑨グリーンツーリズム　⑩時間距離　⑪鉄道網
⑫航空網　⑬ハブ空港　⑭LCC　⑮ICT
⑯光ファイバーケーブル　⑰公衆無線LAN　⑱キャッシュレス
⑲SNS　⑳デジタルデバイド

Work ① 4時間半　②東海道新幹線　③ 2時間
④リニア中央新幹線　⑤約40分

Challenge1

(1) 大都市や歴史的な都市への訪問を目的とすることが多いと考えられる。

(2) ヨーロッパ・北アメリカ・アジアへの訪問が多い。大都市への訪問や歴史的な名所・遺跡への訪問が多いと考えられる。

Challenge2

交通網が発達して変化したこと：

(例) 物流や貿易の発達など国内間や国どうしにおける社会の変化や通勤・通学圏が広がるなどの日常生活の変化が起きた。

通信網が発達して変化したこと：

(例) ネットショッピングや SNS などインターネットを利用した様々なサービスが利用できるようになり，生活様式に変化が起きた。

❹貿易・物流による結びつき　　　p.12〜13

Basic ①貿易　②鉱産資源　③加工貿易　④工業製品
⑤海上輸送　⑥コンテナ船　⑦冷凍船　⑧航空機　⑨効率化
⑩保護貿易　⑪関税　⑫ブロック　⑬自由貿易　⑭貿易摩擦
⑮南北問題　⑯一次産品　⑰世界貿易機関　⑱地域経済圏
⑲自由貿易協定　⑳経済連携協定

Work1 ドイツ：乗用車　サウジアラビア：原油
南アフリカ共和国：白金　ロシア：原油・液化天然ガス
中国：電気機器　マレーシア：電気機器・一般機械
インドネシア：石炭　オーストラリア：石炭・液化天然ガス
カナダ：石炭・豚肉　アメリカ：小麦・電気機器
ブラジル：鉄鉱石

Work2

(1)(2)

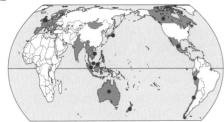

(3) メリット：(例) 貿易が拡大し，世界経済が活性化する。また，消費者にとっては外国産の製品や食品などが安く入手できるようになる。

デメリット：(例) 外国との貿易が活発になることで，保護されていた自国の産業が衰退したり，自国の産業が育たなくなったりするおそれがある。

❶身の回りにあるさまざまな地図／地理のスキルアップ③
❷GISのしくみと使い方　　　p.14〜15

Basic ①地図　②デジタル地図　③一般図　④地形図
⑤主題図　⑥縮尺　⑦地理空間情報　⑧位置情報
⑨地理情報システム　⑩全球測位衛星システム　⑪人工衛星
⑫GPS　⑬みちびき　⑭カーナビ　⑮地図アプリ
⑯マーケティング

Work (例) 自動車のカーナビやスマートフォンの地図アプリに

よる渋滞や電車の遅延の確認，位置情報を利用したゲームなどに利用されている。また，農業用トラクターの無人走行や自動車の自動運転の開発が進んでいる。

Challenge 略

❶地球上の地形のなりたち　　　p.16〜17

Basic ①ヒマラヤ　②東ヨーロッパ　③内的営力
④プレート　⑤マントル　⑥プレートテクトニクス　⑦地震
⑧火山　⑨地殻変動　⑩変動帯　⑪せばまる　⑫衝突
⑬大陸　⑭沈みこみ　⑮海洋　⑯海溝　⑰広がる　⑱海嶺
⑲安定大陸　⑳外的営力

Work (A)：せばまる　(B)：広がる　(C)：ずれる
①ユーラシア　②北アメリカ　③アフリカ　④カリブ
⑤南アメリカ　⑥アラブ　⑦フィリピン海　⑧太平洋
⑨ココス　⑩ナスカ　⑪インド・オーストラリア

Challenge ①ヒマラヤ　②ロッキー　③アンデス　④アルプス
⑤東ヨーロッパ　⑥モンゴル　⑦コンゴ　⑧アマゾン

❷山地と平野の生活／
　地理のスキルアップ④・⑤　　　p.18〜19

Basic ①V字谷　②棚田　③扇状地　④水無川　⑤湧水
⑥氾濫原　⑦自然堤防　⑧後背湿地　⑨三角州　⑩干拓地
⑪埋立地　⑫ポルダー　⑬等高線　⑭尾根　⑮谷　⑯三角点
⑰水準点　⑱天井川　⑲河岸段丘　⑳谷津

Work ①扇状地　②扇端　③水無川　④三角州　⑤後背湿地
⑥自然堤防　⑦三日月湖　⑧氾濫原

Challenge

(1) a：鞍部　b：頂上　c：尾根の分岐　d：尾根　e：谷
　　f：谷の合流

(2) ①

(3)(4)(5)

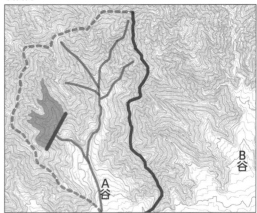

❸海岸部の生活／
　地理のスキルアップ⑤　　　p.20〜21

Basic ①岩石海岸　②沿岸流　③砂浜海岸　④砂丘　⑤砂州
⑥砂嘴　⑦ラグーン　⑧おぼれ谷　⑨リアス海岸　⑩フィヨルド

⑪Ｕ字谷　⑫人工海岸　⑬掘り込み港　⑭海岸侵食
⑮天橋立　⑯陸繋島　⑰海図
Work ①岩石　②海食　③砂浜　④海岸
⑤ラグーン（潟湖）　⑥砂州　⑦トンボロ（陸繋砂州）　⑧陸繋
Challenge
(1)　①砂州　②ラグーン（潟湖）　③陸繋島
④トンボロ（陸繋砂州）　　(2)　略

❹地球上の気候のなりたち／
地理のスキルアップ⑥　　　　p.22～23
Basic ①高圧式　②日射　③低圧帯　④高圧帯　⑤貿易風
⑥偏西風　⑦大気の大循環　⑧気候要素　⑨気候因子
⑩季節風　⑪モンスーンアジア　⑫植生　⑬熱帯　⑭乾燥帯
⑮温帯　⑯亜寒帯　⑰寒帯　⑱気温の年較差　⑲雨季　⑳乾季
Work ①極高圧　②高緯度低圧　③亜熱帯高圧
④熱帯収束　⑤極東　⑥偏西　⑦貿易　⑧上昇　⑨下降
⑩多雨　⑪少雨
Challenge (1)　略
(2)　A：ペルー／寒　　B：北大西洋／暖
　　　C：ベンゲラ／寒　D：日本／暖

❺暑い気候に対応した生活／
❻乾燥した気候に対応した生活　　p.24～25
Basic ①熱帯　②熱帯雨林気候　③サバナ気候　④サバナ
⑤スコール　⑥焼畑農業　⑦風土病　⑧日干しれんが　⑨ゲル
⑩乾燥帯　⑪砂漠気候　⑫ワジ　⑬ステップ気候　⑭ステップ
⑮黒色土　⑯オアシス　⑰オアシス農業　⑱灌漑農業
⑲センターピボット　⑳遊牧
Work

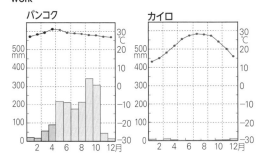

気候区：サバナ（Aw）／砂漠（BW）
Challenge
(1)　熱帯は湿気が多いので肌を露出して乾燥させて涼しく，乾燥帯は太陽光が常に降り注ぐので肌を隠して強い日射から防いでいる。
(2)　熱帯は豊富な木材を利用し，水害から逃れ風通しがよくなるような高床式の工夫がされ，乾燥帯は森林がないため土を原料とするれんがを利用し，強い太陽光からの熱射を防ぐような工夫がされている。

❼季節の違いに対応した生活／
❽寒冷な気候に対応した生活　　p.26～27
Basic ①温帯　②西岸海洋性気候　③地中海性気候
④偏西風　⑤キルト　⑥石材　⑦小麦　⑧ライ麦
⑨温暖湿潤気候　⑩温帯冬季少雨気候　⑪季節風
⑫木造家屋　⑬亜寒帯　⑭寒帯　⑮ポドゾル　⑯大陸性気候
⑰タイガ　⑱融雪洪水　⑲ツンドラ気候　⑳永久凍土
Work

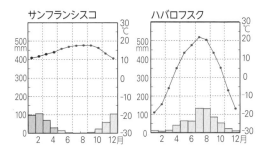

気候区：地中海性（Cs）／亜寒帯冬季少雨（Dw）
Challenge
写真1：熱帯雨林気候下では年中高温多湿であることから，この気候に適した油やしの農園が広がっている。
写真2：西岸海洋性気候下のデンマークでは，偏西風を利用した風力発電が盛んに行われている。

❶農業の地域性／
地理のスキルアップ⑦・⑧　　　　p.28～29
Basic ①焼畑農業　②遊牧　③酪農　④アンデス
⑤企業的穀物農業　⑥企業的牧畜業　⑦新大陸
⑧オーストラリア　⑨南北アメリカ　⑩混合農業　⑪都市人口
⑫園芸農業　⑬グレートプレーンズ　⑭パンパ　⑮農業技術
⑯品種改良　⑰遺伝子組み換え　⑱アグリビジネス
⑲穀物メジャー
Work
(1)　㋐：遊牧　㋑：地中海式　㋒：酪農　㋓：企業的牧畜業
　　　㋔：プランテーション
(2)　略
Challenge
①中国／Ａモンスーン　②タイ／Ｂギニア湾岸
③アメリカ／Ｃ企業的穀物　④コートジボワール／Ｄ単一
⑤スペイン／Ｅ乾燥

❷農業と生活文化　　　　p.30～31
Basic ①ナン　②チャパティ　③米　④季節風　⑤ヒマラヤ
⑥南西　⑦パンジャブ　⑧ガンジス　⑨乾季　⑩デカン
⑪アッサム　⑫商品作物　⑬緑の革命　⑭高収量　⑮灌漑
⑯白い革命　⑰牛　⑱バター　⑲鶏肉　⑳近郊
Work (1)　略
(2)　①：Ｂ　②：Ａ　③：Ｄ　④：Ｃ
(3)　小麦：年降水量1000mm未満のインダス川上流のパン

ジャブ地方からガンジス川上流の乾燥地域

稲（米）：年降水量 1000mm 以上の降水量の多い地域で
栽培

Challenge A：① B：③ C：② D：④

❸工業の地域性　　　　　　　　p.32～33

Basic ①産業革命　②繊機　③蒸気　④組立ライン
⑤技術革新　⑥繊維　⑦鉄鋼　⑧先端技術産業　⑨ AI
⑩ IoT　⑪多品種少量　⑫先進国　⑬中国　⑭ BRICS
⑮産業の空洞化　⑯コスト　⑰知識　⑱労働　⑲国際分業
⑳多国籍企業

Work1 ア：③　イ：②　ウ：⑤　エ：④　オ：⑥　カ：①

Work2 (1) アメリカ，日本，中国，ドイツ

(2) 中国，アメリカ，日本，ドイツ，韓国，インド

(3) 先進国：アメリカ，日本，ドイツ
　　アジア NIEs：韓国
　　BRICS：中国，インド

Work3 ①軽工業の機械化　②大量生産・大量輸送・大量消費
③コンピュータ　④インターネット
⑤ IoT，ビッグデータ／人工知能／クラウド

❹❺経済成長による生活の変化①・②　p.34～35

Basic ①世界の工場　②改革開放政策　③市場　④経済特区
⑤安価　⑥製造　⑦レアメタル　⑧郷鎮企業　⑨所得格差
⑩チャイナプラスワン　⑪付加価値　⑫貿易摩擦
⑬耐久消費財　⑭電子決済　⑮出稼ぎ労働者　⑯都市
⑰農村　⑱西部大開発　⑲一帯一路　⑳ AIIB

Work1 ①パソコン　②スマートフォン　③タブレット PC

Work2 ②

Challenge (1) 略

(2) 地域的特徴）沿海部（都市部）は，内陸部（農村部）よ
りも高い経済水準にある。
要因）沿海部に重点をおいた工業化が行われ，賃金・医療・
教育などに大きな差がある。

❻❼工業化による生活の変化①・②　p.36～37

Basic ①モノカルチャー経済　②一次産品　③中継貿易
④輸入代替型　⑤輸出指向型　⑥ルックイースト　⑦中国
⑧輸出加工区　⑨ベトナム　⑩国際分業　⑪多国籍企業
⑫ AEC　⑬自動車　⑭大都市圏　⑮ドイモイ　⑯コーヒー豆
⑰完全自動化

Work1 略　　**Work2** (1) 略

(2) タイ：タイは，機械類や自動車などの重工業品の輸出割
合が増加した。2010 年代前半には，第 3 次産業
人口が 1 位を占めるようになり，第 1 次産業人口は
30 年の間に半減した。

ベトナム：ベトナムは，原油や魚介類，コーヒー豆などの一次産
品の輸出中心から，機械類へと移行した。衣類や繊
維など軽工業品の割合も高い。第 2 次，第 3 次産

業は増えているが，第 1 次産業の割合も高い。

❶世界の言語　　　　　　　　　p.38～39

Basic ①言語　②公用語　③母語　④共通語　⑤宗主国
⑥フランス語　⑦スペイン語　⑧中国語　⑨英語　⑩植民地
⑪ヒンディー語　⑫準公用語　⑬スイス　⑭ドイツ語
⑮ロマンシュ語　⑯ユネスコ　⑰消滅危機言語

Work (1) 略

(2) A：英　B：スペイン　C：アラビア

(3) 1 位：中国
　　2 位：スペイン，ラテンアメリカの旧スペイン植民地
　　3 位：イギリス，アメリカ，旧イギリス植民地
　　4 位：西アジア，北アフリカ

Challenge

(1) （例）私は方言の保護は必要だと考える。方言はその地域の
文化であり，方言を学ぶことによってその地域に住む人々の特
徴や歴史を理解することができ，多様性への理解にもつながる。

(2) （例）方言は，発音やイントネーションに特徴があるため，
文字として残してもそのニュアンスや使い方を伝えることが難
しい。音声で残す取り組みが有効的だと考える。近年はデ
ジタル化が進み，録音や音声データの処理が容易になってお
り，イントネーションなども伝わりやすい。

❷世界の宗教　　　　　　　　　p.40～41

Basic ①宗教　②キリスト教　③イスラーム　④インドネシア
⑤仏教　⑥世界宗教　⑦巡礼　⑧国教　⑨教会　⑩民族宗教
⑪儒教　⑫ヒンドゥー教　⑬バラモン教　⑭浄　⑮不浄　⑯豚肉
⑰牛肉　⑱カースト　⑲神道　⑳自然崇拝

Work 略

Challenge (1) A：ヒンドゥー教
　　　　　　　 B：キリスト教 プロテスタント　C：上座仏教

(2) d：西アジア　e：フィリピン　f：日本　g：イラン

❸仏教圏の生活文化／
❹キリスト教圏の生活文化　　　p.42～43

Basic ①ガンジス川　②上座仏教　③戒律　④大乗仏教
⑤托鉢　⑥道教　⑦チベット仏教　⑧ラサ　⑨大晦日
⑩ユダヤ教　⑪カトリック　⑫ラテン　⑬プロテスタント
⑭ゲルマン　⑮正教会　⑯宗教改革　⑰新大陸　⑱安息日
⑲ミサ　⑳ゴスペル

Work カトリック：③／ア　プロテスタント：②／ウ
正教会：①／イ

Challenge (1) ①：上座仏教　②：大乗仏教　③：イスラーム
④：キリスト教　⑤：ヒンドゥー教

(2) 上座仏教：出家者が中心で，戒律を重んじ，厳しい修行に
より悟りを開く。信者は出家者に布施（寄付）することで功
徳を積む。
大乗仏教：一般民衆に仏教を開放して人々の救済をめざす。
地域に受け入れられやすい信仰形態で普及が進んだ。

❺❻イスラーム圏の生活文化①・②　　p.44〜45

Basic　①ムスリム　②祈り　③モスク　④メッカ
⑤シルクロード　⑥アッラー　⑦ムハンマド　⑧スンナ　⑨シーア
⑩偶像崇拝　⑪信仰告白　⑫慈善活動　⑬断食　⑭巡礼
⑮コーラン　⑯ハラルフード　⑰アラブ系民族　⑱石油資源
⑲パイプライン　⑳戒律

Work　①：×　②：○　③：○

Challenge1　(1)　略

(2)　アラブ首長国は経済特区の設置やサービス業，観光業に
　　力を入れている。なかでも，ドバイでは観光開発が進み，世
　　界中から観光客が訪れる。また，足りない労働力を補うため，
　　外国人労働者を受け入れている。

Challenge2　①：ユダヤ　②：キリスト　③：イスラーム
④：アラブ　⑤：中東　⑥：難民

❼世界の多民族・多文化社会　　p.46〜47

Basic　①民族　②生活様式　③帰属意識　④単一民族国家
⑤多民族国家　⑥少数民族　⑦イヌイット　⑧イグルー
⑨ヌナブト準州　⑩定住化　⑪移民　⑫難民　⑬アフリカ
⑭シリア内戦　⑮多民族社会　⑯外国人労働者　⑰技能実習生
⑱中国　⑲多文化社会　⑳共生

Work1　①：ウクライナ　②：シリア　③：パレスチナ
④：アフガニスタン　⑤：ロヒンギャ　⑥：コンゴ　⑦：南スーダン

Work2　ア：ブラジル　イ：ベトナム　ウ：中国

Challenge

(1)　取り上げる国：(例) シリア

難民の流出先：トルコが最も多い。そのほか，レバノン，ヨル
ダン，イラク，ヨーロッパ諸国など

難民発生の背景・理由：「アラブの春」によりおこったシリア内
戦をきっかけに，各地で反政府デモがおこり，アサド政権が
厳しく弾圧した。人々は住む場所や働く場所を失い，シリア
国外へ逃れる難民が増加した。

(2)　(例) 難民を守り，保護する機関として，UNHCR (国連難
民高等弁務官事務所) がある。シリア，イラク，南スーダン
など，世界各地の難民を保護するために，水や食料，毛布な
どの物資の配布や難民キャンプなどの避難所の提供，子供
の保護や心のケアをしている。

❽さまざまな社会の形成と生活文化／
❾多文化社会の実現と生活文化　　p.48〜49

Basic　①先住民　②ヨーロッパ系　③アフリカ系　④混血
⑤ブラジル　⑥三角貿易　⑦インディオ　⑧ポルトガル語
⑨スペイン語　⑩アンデス地方　⑪パンパ　⑫レゲエ
⑬人種のるつぼ　⑭外国出身者　⑮移民　⑯白豪主義
⑰人種差別　⑱多文化主義　⑲イギリス
⑳アジア太平洋経済協力

Work1　(1)　略

(2)　ア：アフリカ系　イ：先住民　ウ：ヨーロッパ系　エ：混血

Work2　A：羊毛　B：鉄鉱石　ア：イギリス　イ：日本　ウ：中国

Challenge　オーストラリアでは，人権を守る法律の整備が進
んでおり，少数の先住民の権利の保障や優遇政策が進められ
ている。また，学校教育では出身国の言語を尊重する母語教
育が行われ，先住民のアボリジナルピープルの言語を学ぶ授業
も行われている。

❶地域統合による生活文化の変化①　　p.50〜51

Basic　①ユーロ　②シェンゲン　③経済統合　④アメリカ
⑤欧州共同体　⑥EU　⑦東欧　⑧28　⑨イギリス
⑩ゲルマン　⑪ラテン　⑫スラブ　⑬キリスト　⑭カトリック
⑮正教会　⑯プロテスタント　⑰為替レート　⑱域内貿易
⑲GDP　⑳物価・賃金

Work1　原加盟国 (6か国)：ベルギー，オランダ，ルクセンブ
ルク，ドイツ，フランス，イタリア
1973年 (3か国)：イギリス，デンマーク，アイルランド
2013年 (1か国)：クロアチア

Work2　(1)　アイスランド　ノルウェー　スイス
(2)　アイルランド　ブルガリア　ルーマニア　キプロス

Challenge　(1)ゲルマン系民族：(英，ドイツ)　ラテン系民族：
(フランス，スペイン)　スラブ系民族：(ロシア，ポーランド)
(2)　(プロテスタント) ／北部…(スウェーデン)
　　(カトリック) ／南部…(スペイン)
　　(正教会) ／東部…(ウクライナ)

❷❸地域統合による生活文化の変化②・③　p.52〜53

Basic　①国際分業　②フランス　③東ヨーロッパ　④市場
⑤ブルーバナナ　⑥繊維工業　⑦製鉄業　⑧臨海部　⑨ICT
⑩小麦　⑪アルプ　⑫混合農業　⑬最低価格　⑭課徴金
⑮インフラ　⑯財政危機　⑰移民　⑱難民　⑲イギリス
⑳ユーロリージョン

Work1　A：混合農業・酪農　B：地中海式農業　C：小麦
D：ぶどう

Work2　オランダ，ベルギー，ルクセンブルク，フランス，ドイツ，
オーストリア，イタリア

Challenge

	EU域内から	EU域外から
ドイツ	ポーランド，ルーマニア，ブルガリア，クロアチア，イタリア	シリア
イギリス	ルーマニア，ポーランド	中国，インド
スペイン	イタリア，ルーマニア	イギリス，モロッコ，ベネズエラ，コロンビア

❹グローバル化による成長と課題①　　p.54〜55

Basic　①自由の女神　②移民　③アメリカンドリーム
④東部13　⑤西部　⑥フランス　⑦メキシコ　⑧イギリス
⑨WASP　⑩アイルランド　⑪ゴールドラッシュ
⑫ラテンアメリカ　⑬アフリカ　⑭ヒスパニック　⑮カナダ
⑯西海岸　⑰アメリカインディアン　⑱サラダボウル
⑲マイノリティ　⑳4　　**Work**　(1)(2)　略

アフリカ系 25%以上	州名	ルイジアナ, ジョージア, メリーランド, アラバマ, サウスカロライナ, ミシシッピ
	理由	南東部には, 17世紀から19世紀にかけてアフリカ人が綿花やさとうきび栽培のために強制的に連れてこられたから
ヒスパニック系 15%以上	州名	ニューメキシコ, カリフォルニア, テキサス, アリゾナ, ネヴァダ, フロリダなど
	理由	南西部には, 20世紀に入り, メキシコからヒスパニックが労働者として入ったから

❺❻ グローバル化による成長と課題②・③　p.56〜57

Basic ①降水　②プレーリー　③小麦　④適地適作　⑤労働
⑥穀物メジャー　⑦多国籍企業　⑧アグリビジネス　⑨シェール
⑩世界の工場　⑪フロストベルト　⑫サンベルト　⑬国際通貨
⑭サプライチェーン　⑮GAFA　⑯移民労働者
⑰ゲーテッドコミュニティ　⑱技術貿易　⑲貿易赤字
⑳保護貿易

Work ①春小麦　②冬小麦　③とうもろこし・大豆
④混合農業　⑤酪農　⑥放牧

Challenge (1)　①37　②サン　③シリコンヴァレー
④原油　⑤石炭　⑥鉄鉱石　⑦サンフランシスコ　⑧シアトル
⑨デトロイト　⑩ヒューストン

(2)　情報通信技術産業, 航空宇宙産業, バイオテクノロジー

❶ 世界の人口問題／
　地理のスキルアップ⑨　　　　　p.58〜59

Basic ①産業革命　②25.4　③61.4　④人口爆発
⑤自然増加　⑥社会増加　⑦人口転換　⑧多産多死
⑨少産少死　⑩合計特殊出生率　⑪人口置換水準　⑫2.1
⑬乳幼児死亡率　⑭5　⑮労働力　⑯水　⑰少子高齢化
⑱社会進出　⑲晩婚化　⑳経済規模

Work

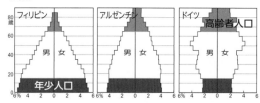

富士山（ピラミッド）型：高い／低い／多産多死型→多産少死型／爆発／発展途上国に多い
釣り鐘（ベル）型：低い／低い／少産少死型／停滞／アメリカ, アルゼンチン
つぼ型：低い／低い／少産少死型／減少／日本, ドイツ

Challenge

(1)

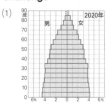

(2)　① 1980年：富士山　2000年：釣り鐘
　　　 2020年：釣り鐘
　　　② 平均寿命がさらにのび, 年少人口の割合が減ることから, 細長いつぼ型へと変化する。

❷ 人口が増加した国の課題／
❸ 人口が停滞する国の課題　　　　p.60〜61

Basic ①国力　②人口抑制政策　③一人っ子政策　④黒孩子
⑤生産年齢人口　⑥労働力　⑦家族計画　⑧識字率
⑨リプロダクティブヘルス　⑩教育水準　⑪合計特殊出生率
⑫高齢化　⑬高齢化社会　⑭高齢社会　⑮高負担　⑯移民
⑰人口減少　⑱社会保障給付費　⑲非正規雇用
⑳外国人労働者

Work A：ラテンアメリカ　B：ヨーロッパ　C：アジア
　　　　D：アフリカ

Challenge (1) 略

(2) ・北海道, 東北, 関東で低い　・大都市圏で低い

(3) ・両親の育児休業制度の充実や休業中の手当
　　・子供の教育費や医療費の補助
　　・保育園や学童保育など, 保育サービスの充実
　　・非正規雇用の保障の改善

❹ 世界の食料問題／
❺ 人口増加と食料問題　　　　　p.62〜63

Basic ①人口爆発　②飢饉　③飢餓　④欧米化　⑤小麦
⑥とうもろこし　⑦食料安全保障　⑧CPTPP協定　⑨後継者
⑩栄養不足人口　⑪サハラ　⑫サヘル　⑬干ばつ　⑭WFP
⑮プランテーション　⑯商品作物　⑰モノカルチャー　⑱ネリカ米

Work (1) 略

(2) (例)・異常気象による干ばつや洪水などが発生するため
　　　　・紛争や内戦が続いている国が多いため
　　　　・貧富の差が大きく, 地主のもとで働く土地を持たない貧しい農民が多いため　など

Challenge

(1) (例)・日ごろから冷蔵庫を整理し, 賞味・消費期限切れがおこらないようにする。
　　　 ・食べきれる量を考えて購入する。

(2) (例) コンビニ各社
・包装を変えて密封できるようにして, 消費期限を延ばしている。
・販売期限の迫った商品を購入した人を対象にポイントを付加する
・クリスマスケーキや恵方巻きなどの季節商品を予約販売のみ行う　など

❶ 世界の居住・都市問題　　　　　p.64〜65

Basic ①村落　②都市　③郊外化　④都市圏　⑤インフラ
⑥職業　⑦賃金　⑧都市人口率　⑨プッシュ　⑩プル
⑪都市問題　⑫交通渋滞　⑬大気汚染　⑭中高所得者
⑮空洞化　⑯インナーシティ　⑰スプロール　⑱再開発
⑲インフォーマルセクター　⑳スラム

表：資源・エネルギー問題　p.70～71　Challenge

	立地	利点	問題点
水力発電	・山沿い	・河川の落差を利用でき，資源が不要	・山沿いのみに立地が限られる
火力発電	・消費地の近くに建設が可能	・発電量の調整が簡単	・化石燃料の燃焼により，二酸化炭素を排出し，環境への負荷が大きい
原子力発電	・都市から離れた臨海部	・少ない燃料から大量のエネルギーが得られる	・高度な技術が必要 ・廃炉や使用済み燃料の処理
地熱発電	・地下に熱源のある地域	・枯渇する心配のない再生可能エネルギー	・発電所の場所が地下に熱源のある地域に限られる
風力発電	・偏西風が1年を通じて安定して吹く地域	・環境への負荷が小さい	・季節や天候により，発電量が不安定
太陽光発電	・強い日差しのある地中海周辺		

Work
アジア：(例) 中国・インドに多い。東南アジアは首都に分布する
アフリカ：(例) ギニア湾岸に多い
ヨーロッパ：(例) ブルーバナナに多く分布する
アングロアメリカ：(例) アメリカ合衆国，特に東側に多い
ラテンアメリカ：(例) 中央アメリカは太平洋側に，ブラジルは大西洋側に多い
オセアニア：(例) 100万以上の都市は少ない
Challenge　アフリカ：C　ヨーロッパ：D　ラテンアメリカ：A
オセアニア：B

❷大都市の地域性と課題／
❸人口が密集する都市の課題　　p.66～67

Basic　①住環境　②大ロンドン　③ニュータウン　④スラム
⑤再開発　⑥インナーシティ　⑦高所得者
⑧ジェントリフィケーション　⑨パークアンドライド　⑩プラザ
⑪都市圏　⑫スラム化　⑬大気汚染　⑭電気自動車　⑮曜日
⑯プライメイトシティ　⑰経済格差　⑱インフォーマルセクター
⑲衛生状態　⑳スラム一掃

Work　(1) 略
(2) (例)・市街地が無秩序に拡大するのを防ぐ。
　　　　・居住空間の快適さを計画的に保つことができる。

Challenge
(1) ① (例) 盆地の周辺の斜面や，中心部の低湿地に分布する。
　　② (例) 川沿いや街に点在する。高層ビルに隣接するスラムもみられる。
(2) (例)・いったん不法な住居を撤去し，住宅の移転を進める。
　　　　・自立できるよう，教育や就労の支援を行う。

❶世界の資源・エネルギー／
❷エネルギー資源の生産・消費と課題　p.68～69

Basic　①鉱産　②エネルギー　③枯渇性　④再生可能
⑤石炭　⑥産業革命　⑦石油　⑧エネルギー革命　⑨中東
⑩第二次世界大戦　⑪火力発電　⑫動力　⑬原料
⑭国際石油資本　⑮資源ナショナリズム　⑯石油輸出国機構
⑰石油危機　⑱可採年数　⑲代替エネルギー
⑳メタンハイドレート

Work　A：バイオマス　B：石炭　C：石油（原油）
　　　　D：天然ガス　E：水力　F：原子力

Challenge
OPEC加盟国（2020年，13か国）：
　イラン，イラク，クウェート，サウジアラビア，ベネズエラ，アルジェリア，ガボン，リビア，アラブ首長国連邦，ナイジェリア，アンゴラ，赤道ギニア，コンゴ共和国
OPEC以外で産出量の多い国：
　ロシア，アメリカ，中国，カナダ

❸再生可能なエネルギーへの移行　　　p.70～71

Basic　①電力　②発電　③水力　④火力　⑤化石燃料
⑥二酸化炭素　⑦原子力　⑧東日本大震災　⑨核燃料
⑩再生可能　⑪枯渇　⑫地熱　⑬アイスランド　⑭風力
⑮偏西風　⑯太陽光　⑰北海道胆振東部　⑱停電
⑲地産地消　⑳スマートグリッド

Work　a：日本　b：中国　c：アメリカ　d：イタリア
e：ブラジル　f：アイスランド　g：デンマーク　h：フランス
Challenge　（ページ上の表を参照）

❹鉱産資源の産出と消費　　　　　　p.72～73

Basic　①鉱産資源　②ベースメタル　③レアメタル　④鉄鉱石
⑤ボーキサイト　⑥天然ガス　⑦石油　⑧金　⑨自然環境
⑩加工工場　⑪資源大国　⑫石炭　⑬銅　⑭足尾
⑮リサイクル　⑯都市鉱山　⑰排他的経済水域
⑱メタンハイドレート　⑲熱水鉱床　⑳備蓄基地

Work　(1) 略
(2) ○：鉄鉱石　△：銅鉱　□：ボーキサイト　◆：金鉱

Challenge
(1) A：石炭　B：石油　C：液化天然ガス　D：鉄鉱石　E：銅鉱
(2) ①オーストラリア　②ロシア
(3) (例)・使用済み資源のリサイクル
　　　　・代替できるような新素材の開発
　　　　・海底資源など，あらたな資源の探索
　　　　・輸入先の分散
　　　　・海外の資源保有国との共同開発，技術協力
　　　　・資源の備蓄

❶地球温暖化の現状と将来　　　　　　p.74～75

Basic　①海面上昇　②インド洋　③サンゴ　④地球温暖化
⑤気候変動に関する政府間パネル　⑥温室効果ガス
⑦産業革命　⑧中国　⑨気候変動　⑩京都議定書　⑪インド

⑫パリ協定　⑬２　⑭アメリカ　⑮緩和
⑯再生可能エネルギー　⑰適応　⑱農産物
Work　(1)　１位：中国　２位：アメリカ　３位：インド
４位：ロシア　５位：日本
(2)　(例)　アメリカ，日本とヨーロッパなどの先進諸国や，中国や
　　　インドなどの人口規模が大きい国に排出量の偏りがみられる。
Challenge　(1)　(例)
・省エネ機能が付いている電化製品を購入する。
・自動車ではなく，電車やバスなどの公共交通機関を利用する。
(2)　(例)
・クールビズやウォームビズの導入によるオフィスでの節電
・同業他社との共同配送によるトラックや電車の輸送数の削減
・移動の際，エコカーを指定してレンタルできる「エコクラス」
　の導入　など

❷熱帯林の減少／❸砂漠化の進行　p.76〜77
Basic　①熱帯林　②商業伐採　③アマゾン　④森林火災
⑤油やし　⑥パーム油　⑦国際熱帯木材機関　⑧森林認証制度
⑨砂漠化　⑩環境難民　⑪気候変動　⑫過放牧　⑬過耕作
⑭過伐採　⑮塩類　⑯シルダリア　⑰自然改造計画　⑱綿花
⑲国連砂漠化対処条約
Work　①：土壌侵食　②：蒸発量　③：干ばつ
④：二酸化炭素　⑤：砂漠化　⑥：生態系
Challenge　(1)　略
(2)　● SDGs の目標を一つ選ぼう：
(例)　15　陸の豊かさも守ろう
●具体的な対策について考えてみよう：
(例)　砂漠化の要因の一つとして，人の活動に伴う森林破壊が
　　ある。森林破壊をくい止めるために，消費者である私たち
　　は，持続可能な森林管理がされた木材であることを証明する
　　「FSC 認証」などのマークを知り，原産地の環境や社会問
　　題に関心を持って商品を選ぶ姿勢が求められる。

❶日本の地形・気候と生活　p.78〜79
Basic　①山地　②変動帯　③弧状列島　④海溝　⑤トラフ
⑥火山　⑦流域面積　⑧流量　⑨三角州　⑩温帯　⑪四季
⑫モンスーン　⑬シベリア　⑭小笠原　⑮猛暑日　⑯熱帯夜
⑰梅雨前線　⑱台風　⑲秋雨前線　⑳災害
Work　(1)　ア：ユーラシア　イ：北アメリカ　ウ：太平洋
エ：フィリピン海
A：千島・カムチャツカ　B：日本　C：伊豆・小笠原　D：南海
E：南西諸島　F：沖縄　　(2)　略
Challenge　(1)　略　　(2)　①A　②B　③C

❷風水害と防災／❸火山の噴火と防災　p.80〜81
Basic　①梅雨前線　②台風　③線状降水帯　④外水氾濫
⑤内水氾濫　⑥高潮　⑦土石流　⑧ダム　⑨遊水地
⑩砂防ダム　⑪治水　⑫水害ハザードマップ　⑬溶岩流
⑭火砕流　⑮雲仙普賢岳　⑯御嶽山　⑰桜島

⑱火山ハザードマップ　⑲地熱発電　⑳ジオパーク
Work　A：噴煙　B：土石流　C：降灰　D：噴石　E：溶岩流
F：火砕流
Challenge
(1)　外水氾濫：(例)　大雨によって河川の水位が上がり，堤防
　　が決壊して氾濫が発生する。
　　内水氾濫：(例)　排水路や下水道に雨水が一気に流れこむ
　　ことで，逆流して発生する。
(2)　①遊水地　②河川改修　③緑地　④ダム　⑤ため池
　　⑥盛土
(3)　情報：雨雲レーダー，河川水位情報，気象庁の気象警報・
　　　　注意報（大雨，暴風，高潮，など）
　　手段：各種ウェブサイト，テレビ・ラジオ放送，災害時の
　　　　SNS 情報

❹地震・津波と防災／❺都市型災害と防災／❻防災・減災への心構え　p.82〜83
Basic　①変動帯　②活断層　③兵庫県南部　④日本海溝
⑤南海トラフ　⑥東北地方太平洋沖　⑦津波　⑧都市型災害
⑨帰宅困難者　⑩耐震基準　⑪免震　⑫制震
⑬ヒートアイランド　⑭局地的大雨　⑮ハザードマップ
⑯タイムライン　⑰自助　⑱共助　⑲公助　⑳ボランティア
Work　作業１・２　略
作業３　（津波の危険性）③④⑤⑥⑦⑧⑩⑪
　　　　（土砂災害の危険性）①②
Challenge　(1)(2)　略

❶地域調査の実施手順と方法／地理のスキルアップ⑮・⑯　p.84〜85
Basic　①地域的課題　②人口の偏在　③少子高齢化
④インフラ整備　⑤事前調査　⑥文献　⑦地図　⑧仮説
⑨現地調査　⑩KJ法　⑪RESAS　⑫町村単位　⑬特徴
⑭碓氷峠　⑮坂本　⑯軽井沢　⑰中山道　⑱上信越自動車道
⑲今昔マップ　⑳新幹線
Challenge　(1)　⑨　(2)　ア：盛土　イ：切土　ウ：谷津

❷❸❹地域調査①・②・③　p.86〜87
Basic　①混雑　②調査テーマ　③統計資料　④季節
⑤地図　⑥仮説　⑦景観観察　⑧アンケート調査
⑨聞き取り調査　⑩地図化　⑪写真　⑫プレゼンテーション
⑬解決法　⑭文化祭　⑮調査結果
Challenge　(1)(2)(3)　略

３D地図で世界を追ってみよう　p.88
Work　手順①・②・③　略
Challenge　略

二宮書店　24

わたしたちの地理総合ワークブック

目次

本書の使い方

●本書は，二宮書店『わたしたちの地理総合』（地総705）に準拠しています。

●本書は，次の見開き2ページで構成しています。

　左側のページ「Basic」：教科書の内容をまとめたページで，空欄に入る語句はすべて教科書に記載されています。「Words」欄には，答えになる語句が五十音順に並んでありますので，無理なく答えを書き入れることができます。

　右側のページ「Work & Challenge」：作業問題や発展問題を用意しています。「Work」は原則として教科書に掲載されているグラフや地図を用いた設問です。空欄に重要語句を書き入れたり，着色作業をします。「Challenge」ではさらに発展した設問を用意しています。教科書を読んで考えれば解くことができる問題ですのでぜひChallengeしてください。「Work & Challenge」を通して，地理的知識や技能を身につけ，地理の視点で世界をとらえる力を養います。

●本書内の二次元コードは2023年10月現在 確認可能なものを掲載しています。使用料はかかりませんが，通信料がかかる場合があります。

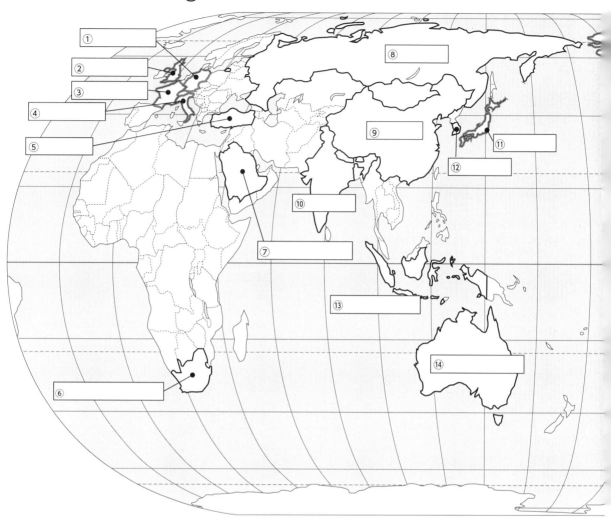

Challenge （1)〜(4)の島国の名前，(5)〜(8)の国の名前，(9)〜(12)の川の名前を答えよう。

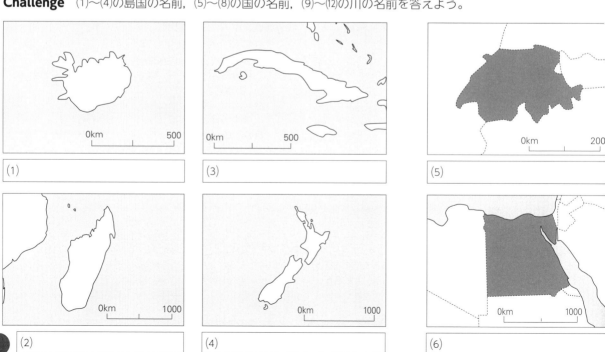

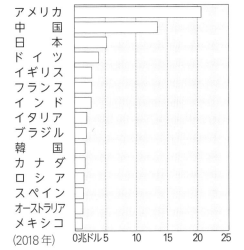

▲ **G7 参加国の国旗** 世界の経済・金融情勢や国際通貨制度, 金融規制などについて, 各国首脳や財務相が集まり, 意見交換を行っている。

Work (1) ①〜⑲の G20 の国名を記入しよう (EU を除く 19 か国)。

(2) G20 のうち, G7 (主要国首脳会議) の参加国を**赤色**で着色しよう。

(3) 次の世界の国民総生産 (GNI) のグラフのうち, G7 参加国を**赤色**で着色しよう。

	0兆ドル5	10	15	20	25
アメリカ					
中　　国					
日　　本					
ド　イ　ツ					
イギリス					
フランス					
イ　ン　ド					
イタリア					
ブラジル					
韓　　国					
カ　ナ　ダ					
ロ　シ　ア					
スペイン					
オーストラリア					
メキシコ					

(2018 年)

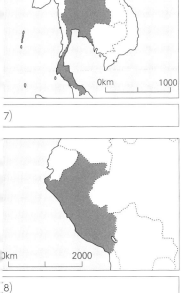

(7)

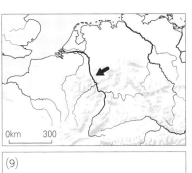

(9)

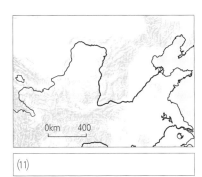

(11)

(8)

(10)

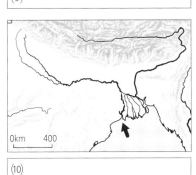

(12)

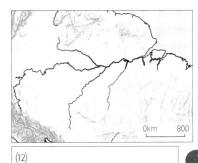

3

📖 Basic

①球面上の位置をあらわすには？

a. 球面状の番地—緯度と経度

- （①＿＿＿＿）…赤道から北極点と南極点までをそれぞれ90度に分けたもの
  - （②＿＿＿＿）…赤道から北極点の方向
  - （③＿＿＿＿）…赤道から南極点の方向
- （④＿＿＿＿）…本初子午線を基準に東西それぞれを180度に分けたもの
  - （⑤＿＿＿＿）…本初子午線から東側
  - （⑥＿＿＿＿）…本初子午線から西側

b. 緯度が違うと何が変わるか

- 緯度により太陽から受けるエネルギー量が変わる
  - →赤道付近は（⑦＿＿＿＿）が高い，高緯度にいくほど（⑦）は低くなる
- 地球は（⑧＿＿＿＿）が傾いた状態で，太陽の周りを約1年かけて（⑨＿＿＿＿）する

  北半球に限って
  - （⑩＿＿＿＿）に近づくほど，太陽が真上から差しこんで，日が長くなる
  - （⑪＿＿＿＿）に近づくほど，太陽が低く差しこんで，日が短くなる
- 北極の近くなど高緯度における現象
  - →夏至が近づくと，一日中太陽が沈まない（⑫＿＿＿＿）となる
  - →冬至が近づくと，一日中太陽が昇らない（⑬＿＿＿＿）となる

②時刻はどのように決められているか？

a. 地球の自転と時差の関係

- 朝昼晩が訪れるのは地球が（⑭＿＿＿＿）しているからである

b. 標準時を決める

- 経度（⑮＿＿＿＿）度ごとに1時間の時差 ← 24時間で1回転（360° ÷ 24）
  - →国や地域ごとに標準時を定めている
- 日本：東経（⑯＿＿＿＿）度の経線を（⑰＿＿＿＿＿＿＿＿）としてきた
- 世界：ロンドンの旧グリニッジ天文台を通る（⑱＿＿＿＿＿＿＿＿）上の時刻
  - …グリニッジ標準時（GMT）を世界標準時にしてきた
  - →現在は精度の高い（⑲＿＿＿＿＿＿＿＿ ＝ UTC）を使用
- （⑳＿＿＿＿＿＿＿＿）…経度180度に沿って設定
  - →西から東へこえると1日遅らせ，東から西へこえると1日進ませる

③なぜ，世界地図にはさまざまな図法があるのか？

a. 球面を平面でとらえる

- 球面を平面で表現するため，正確にあらわせる要素とあらわせない要素がある

- -

Words 緯度　気温　協定世界時　極夜（きょくや）　経度　夏至（げし）　公転　自転　西経　地軸　東経　冬至（とうじ）
南緯　日付変更線　白夜（びゃくや）　標準時子午線（しごせん）　北緯　本初子午線　15　135

4

Work & Challenge

Work 次の A ～ C の図法について，後の(1)～(3)の問いに答えよう。

A

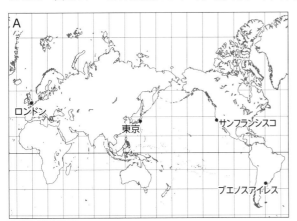

B

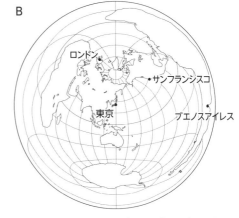

C

(1) A ～ C の図法の名称を書き，各図法で正しく表現されることを語群から選び，記入しよう。

語群：面積　角度　中心からの距離と方位

	図法名	正しく表現されること
A	図法	
B	図法	
C	図法	

(2) 東京からみたサンフランシスコとブエノスアイレスの方位をそれぞれ答えよう。

都　市	方　位
サンフランシスコ	
ブエノスアイレス	

(3) A の図法に東京～ロンドンの等角コースを，B の図法に東京～ロンドンの大圏コースをそれぞれ記入しよう。

Challenge 下の世界地図をみて，表中の都市の空欄をうめよう。東京が 15 日 14 時のとき，各都市は何日の何時になるだろうか。ただし，サマータイムは考慮しないものとする。

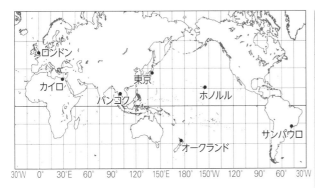

	都市	標準時子午線	UTCとの差(時間)	現地時刻
①	オークランド	180°	+12	日　　時
②	東京			15 日 14 時
③	バンコク	100° E	+7	日　　時
④	カイロ			日　　時
⑤	サンパウロ	45° W		日　　時
⑥	ホノルル	150° W		日　　時

📖 Basic

①国家がなりたつための条件とは？

    a. 国家とは―国家の三要素

      ・国家の三要素…（①＿＿＿＿＿）…領有している区域

                        （②＿＿＿＿＿）…国家を構成する個人

                        （③＿＿＿＿＿）…他国に支配されず，国家のあり方を決める権利

    b. さまざまな国境

      ・国境…┌（④＿＿＿＿＿＿）：河川や山岳など自然的障壁に基づいた国境

            └（⑤＿＿＿＿＿＿）：緯度経度による人為的に引かれた国境

    c. 領土・領海・領空

      ・領域…┌（⑥＿＿＿＿＿）：国境・領海基線の内側

             ├（⑦＿＿＿＿＿）：領海基線から最大 12 海里

             └（⑧＿＿＿＿＿）：（⑥）と（⑦）の上空

      ・領海の外側の海域

          （⑨＿＿＿＿＿＿）：領海基線から 24 海里→出入国管理など沿岸国の規制あり

          （⑩＿＿＿＿＿＿＿＿）：領海基線から 200 海里

            →海底資源や水産資源などについても沿岸国の権利が認められている

          （⑪＿＿＿＿＿）：排他的経済水域の外側→どの国にも属さない海域

    d. 世界の領土問題

      例）（⑫＿＿＿＿＿）の海底油田をめぐる問題や南アジアのカシミール地方

②日本の隣国との境界をみてみよう

    a. 日本の位置と領域

      ・ユーラシア大陸の東の海上に位置

      ┌・領土面積…約（⑬＿＿＿＿＿）km^2

      │・領海＋内水…約 43 万 km^2

      └・排他的経済水域…約（⑭＿＿＿＿＿）km^2

    b. 海洋国家としての日本

      ・排他的経済水域の外側に約 18 万 km^2 の（⑮＿＿＿＿＿）の延長が認められた

    c.（⑯＿＿＿＿＿）問題：択捉島，国後島，色丹島，歯舞群島 ←ロシアによる占拠

      ・1855 年（⑰＿＿＿＿＿＿）…国境が定められ，日本固有の領土に

      ・1956 年（⑱＿＿＿＿＿＿）…日本とソ連の国交回復

        →平和条約を締結後，色丹島と歯舞群島を日本に引き渡すことを明記

    d.（⑲＿＿＿＿）と（⑳＿＿＿＿＿）

      ・（⑲）は韓国が占拠 ← 1951 年 サンフランシスコ平和条約で日本の領土と確認

      ・（⑳）は中国が領有権主張 →日本が有効に支配し，領有権問題は存在しない

Words 公海　国民　自然的国境　主権　人為的国境　接続水域　尖閣諸島　大陸棚　竹島
日露和親条約　日ソ共同宣言　排他的経済水域　北海　北方領土　領域　領海　領空　領土
37.8 万　405 万

Work & Challenge

Work1　次の図の国家の領域に関する**ア〜キ**の名称を答えよう。

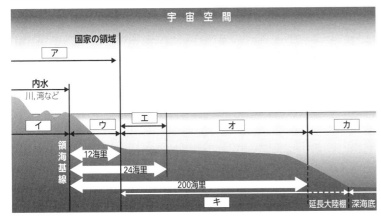

ア	
イ	
ウ	
エ	
オ	
カ	
キ	

Work2　下の地図は，日本とその周辺をあらわしたものである。

(1) 日本の北端，東端，南端，西端の島の名称を答えよう。

(2) 領土をめぐる問題に関係する三つの島々（北方領土，竹島，尖閣諸島）をそれぞれ**赤色**で囲もう。

(3) 日本の排他的経済水域の境界を**青色**でなぞり，延長大陸棚を**赤色**で着色しよう。

北端		島
東端		島
南端		島
西端		島

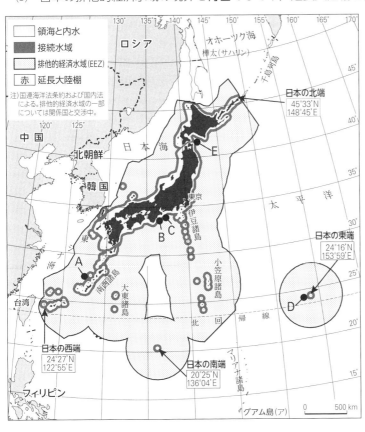

(4) 教科書 p.19 図**7**「日本周辺の海底資源の分布」をみて，図中の地点 A 〜 E について，以下の空欄に当てはまる地下資源を記入しよう。

A	沖縄トラフ＿＿＿＿＿＿
B	熊野沖 ＿＿＿＿＿＿＿＿＿＿ 泥火山
C	JOGMEC ＿＿＿＿＿＿＿＿＿ 開発試験
D	拓洋第 5 海山 ＿＿＿＿＿＿＿リッチクラスト
E	下北八戸海底炭田 ＿＿＿＿＿＿生成菌探査

3節 ① 国家をこえた結びつき／地理のスキルアップ①・②

教科書：p.22-25

📖 Basic

①日本は世界とどのように結びついているか？

a. 外国で暮らす日本人

・外国で暮らす日本人は 130 万人をこえている

　…アメリカ，中国，オーストラリアに多い

・地域ごとの長期滞在者 (外国に 3 か月以上滞在する日本国籍をもつ者)

　…アジア：民間企業が多い

　　北米・オセアニア：留学・研究目的が多い

　　アフリカ：外交官や技術協力部門の職員など政府関係者が多い

・日本からの (①＿＿＿＿＿＿＿＿ = ODA) による援助も増えてきている

　…発展途上国に対し行う資金援助や技術援助

b. 国と国との結びつき

・(②＿＿＿＿) …互いに (③＿＿＿＿) を認め合い，大使を交換して国と国との

(④＿＿＿＿＿＿) をもつこと

　→日本は 190 をこえる独立国と国交を結んでいる

　　例) ・(⑤＿＿＿＿) (⑥＿＿＿＿) …古くから人やものの交流が盛ん

　　　　　　　　　　　　　　　　　生活・文化に共通点

　　　・(⑦＿＿＿＿＿＿) …江戸時代初期に貿易が始まって以来の交流

　　　・(⑧＿＿＿＿＿＿) … (⑨＿＿＿＿＿) として協力関係

　　　　　　　　　　　　安全保障の面でも密接に連携（れんけい）

c. 経済圏としての結びつき

・(⑩＿＿＿＿＿＿＿) …近隣国どうしが経済的な結びつきをもつ

　→貿易の自由化や産業・投資の活性化などをはかる

　　・(⑪＿＿＿＿＿＿ = EU)

　　・(⑫＿＿＿＿＿＿＿＿＿＿＿＿＿ = USMCA)

　　・(⑬＿＿＿＿＿＿＿＿＿ = ASEAN)（ア セ ア ン）

　　・(⑭＿＿＿＿＿＿＿＿ = MERCOSUR)（メ ル コ ス ー ル）

　　・(⑮＿＿＿＿＿＿＿ = AU)

d. 国際連合の役割

・(⑯＿＿＿＿＿＿ = UN) …190 をこえる国が加盟

　　　　　　　　　　あらゆる分野で地球規模の協調をはかる国際機関

　例) 専門機関 ・(⑰＿＿＿＿＿＿＿＿＿＿ = UNESCO)（ユ ネ ス コ）

　　　　　　　　　…教育や文化面から平和活動をすすめる

　　　　　　　・(⑱＿＿＿＿＿＿＿ = IMF)

　　　　　　　　　…国際貿易の促進や為替（かわせ）の安定などを目的とする

Words アフリカ連合　アメリカ　アメリカ・メキシコ・カナダ協定　欧州連合　オランダ　外交関係
韓国　国際通貨基金　国際連合　国連教育科学文化機関　国交　主権　政府開発援助
地域経済圏　中国　東南アジア諸国連合　同盟国　南米南部共同市場

Work 教科書 p.24 を参考にして，次の A 〜 D の統計地図の名称を書きこもう。それぞれの統計地図は，下のア〜エのどの統計に用いるのが適切か，記号を記入しよう。

	名称	記号
A		
B		
C		
D		

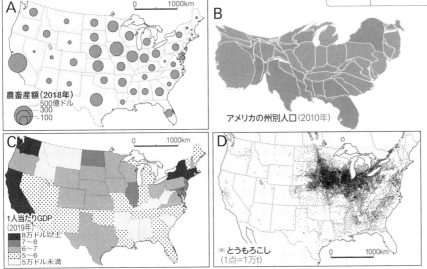

A 農畜産額 (2018年)
500億ドル
300
100

B アメリカの州別人口 (2010年)

C 1人当たりGDP (2019年)
8万ドル以上
7〜8
6〜7
5〜6
5万ドル未満

D ※ とうもろこし (1点=1万t)

ア．農産物の生産量の分布を表現したい　　イ．各地区ごとの生産量を比較したい
ウ．1人当たりの豊かさを比較したい　　エ．地図を変形して人口の規模を視覚的に表現したい

Challenge 東・東南アジアにおける人口の自然増加率の統計をもとに，階級区分図をつくろう。
手順①：表の16か国の統計値を，四つの階級に分けてみよう。
手順②：凡例に色と値を書きこみ，白地図を塗り分けよう。何色を用いればよいか考えてみよう。

	国名	自然増加率			国名	自然増加率
1	日本	− 3.6		9	ブルネイ	10.5
2	韓国	0.6		10	インドネシア	11.6
3	タイ	2.6		11	マレーシア	11.7
4	中国	3.8		12	フィリピン	14.6
5	シンガポール	3.8		13	カンボジア	16.5
6	北朝鮮	4.8		14	ラオス	17.1
7	ミャンマー	9.4		15	モンゴル	17.8
8	ベトナム	10.4		16	東ティモール	23.4

自然増加率：単位 ‰（2018年）出典：World Development Indicators

手順③：作業で気づいた地域ごとの傾向を記入しよう。

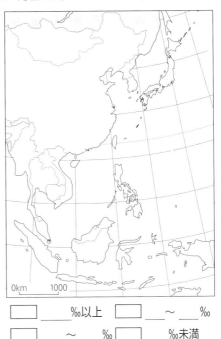

0km 1000

□ ＿＿＿ ‰以上　　□ ＿＿ 〜 ＿＿ ‰
□ ＿＿ 〜 ＿＿ ‰　　□ ＿＿ ‰未満

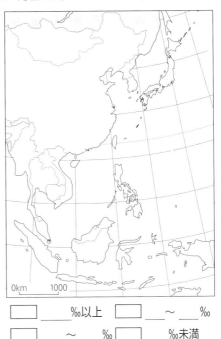

📖 **Basic**

②観光客はどのようなところに集まるか？

a. 日本を訪れる外国人観光客

・日本への外国人観光客は近年急増している

・(①＿＿＿＿＿＿) からが多い…韓国，中国はそれぞれ全体の4分の1を占める

→中国人観光客への (②＿＿＿＿＿) の発給を拡大したため

・タイやマレーシアなどからの旅行者への (③＿＿＿＿＿＿＿) を認める

b. 日本の観光資源の発達

・外国人観光客が日本滞在中にしたこと…日本独特の文化の体験，ショッピング・町歩きが上位

・外国人観光客が次回したいこと…自然体験，農漁村体験，スポーツ体験など

・(④＿＿＿＿＿＿＿＿) 戦略…日本文化の魅力を積極的に外国に発信

c. 日本人の海外旅行先

・ハワイやグアムを含む (⑤＿＿＿＿＿) や (⑥＿＿＿＿) の国や地域が多い

・世界の自然や文化的遺跡を保護する (⑦＿＿＿＿＿) を巡るツアーも人気

d. 外国人の観光旅行先…地域を代表する個性的な大都市への旅行が多い

・(⑧＿＿＿＿＿＝長期休暇) …避寒や避暑のための長期滞在の旅行が多い

・(⑨＿＿＿＿＿＿＿＿) …都市住民が農山村での滞在を楽しむ

・発展途上国の観光誘致も進む…治安や政情不安，感染症の危険性の問題もある

③交通と通信の発達で世界はどう変わったか？

a. 縮まる距離

交通手段の発達により (⑩＿＿＿＿＿) が短縮

b. 世界の交通網

・ヨーロッパや日本の大都市には，地下鉄や路面電車などの (⑪＿＿＿＿＿) が発達

・アメリカなどの広大な国では，(⑫＿＿＿＿＿) が発達

・(⑬＿＿＿＿＿) から周辺の空港に空路を分散させて輸送を効率化

・(⑭＿＿＿＿＝格安航空会社) …従来のサービスを簡素化，低運賃

c. 情報によるつながり

・(⑮＿＿＿＿＝情報通信技術) の急速な発達

・大容量の通信に欠かせない (⑯＿＿＿＿＿＿＿＿＿) が大陸間に敷設

・(⑰＿＿＿＿＿＿＿) の整備→屋外で手軽にインターネットにアクセス可能

d. 通信を利用した多様なサービス

・ネットショッピングによる電子決済，店頭支払いでの (⑱＿＿＿＿＿＿＿) 化

・(⑲＿＿＿＿＿) …個人が世界中に発信し，交流できるようになった

・(⑳＿＿＿＿＿＿＿＿) …ICTを利用できる者とできない者との間の格差

Words アジア　アメリカ　観光ビザ　キャッシュレス　グリーンツーリズム　クールジャパン
航空網　公衆無線LAN　時間距離　世界遺産　デジタルデバイド　鉄道網　バカンス
ハブ空港　東アジア　光ファイバーケーブル　ビザなし渡航　ICT　LCC　SNS

Work　教科書 p.28 の本文を読んで，東京～名古屋間の時間距離の推移を示した右の表の空欄①～⑤を記入しよう。

年代	交通手段	時間距離
1960 年	在来線 (特急列車)	①
1964 年	②	③
将来	④	⑤

Challenge1　次の観光に関する**図1**，**図2**をみて，後の問いに答えよう。

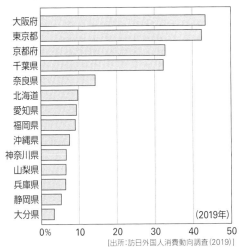

図1　訪日外国人の観光・レジャーにおける都道府県別の訪問率

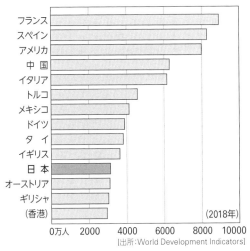

図2　各国・地域別の外国人訪問者数

(1)　**図1**の訪日外国人の訪問先の上位5位の都府県を参考にして，外国人観光客の観光・レジャーの目的を考えて，記入しよう。

(2)　**図2**から外国人観光客はどのような国・地域に旅行しているか，また，どのような目的で訪問しているのかを考えて，記入しよう。

Challenge2　交通網や通信網の発達は，社会にどのような変化をもたらしたのだろうか。教科書の内容や自分たちの経験をふまえて，書き出してみよう。

交通網が発達して変化したこと	通信網が発達して変化したこと

3節

❹ 貿易・物流による結びつき

📖 Basic

④物資はどのように移動するか？

a. 日本の貿易品目と貿易相手国

- （①＿＿＿＿＿）…国境をこえて商品やサービスを売買すること
- 日本の輸入

  - （②＿＿＿＿＿＿）を中東諸国やオーストラリア，ブラジルなどから輸入
    - →（③＿＿＿＿＿＿）…原料やエネルギー資源を輸入し，加工し製品化して輸出
  - 農産物の輸入も多い→米国やカナダから小麦，とうもろこし，大豆などを輸入

- 日本の輸出…機械類や自動車など（④＿＿＿＿＿＿）の割合が高い

b. 物流の役割と輸送方法

- 日本では輸出入量の100％近くを（⑤＿＿＿＿＿＿）が占めている

  →貨物の種類によりさまざまな専用船がある

  - （⑥＿＿＿＿＿＿＿）…統一の規格でつくられたコンテナを積む
  - （⑦＿＿＿＿＿）…温度を管理して輸送

- （⑧＿＿＿＿＿）による輸送…付加価値の高い製品や生鮮食料品が多い
- ランドブリッジ…海上輸送と陸上輸送を組み合わせて輸送の（⑨＿＿＿＿＿）をはかる動き

c. 自由貿易をめざす動き

- （⑩＿＿＿＿＿＿）…安い外国製品から国内産業を守るために高い（⑪＿＿＿＿）をかける貿易

  →英・仏の（⑫＿＿＿＿＿＿）経済など，第二次世界大戦以前に行われていた

- 保護主義への反省から（⑬＿＿＿＿＿＿）が推進され，貿易が大きく拡大
- 二国間の輸出入の偏りが大きくなり，（⑭＿＿＿＿＿＿）がおきるケースもある

  →関税の引き上げや輸出入の制限など，保護貿易が復活する動きもある

- （⑮＿＿＿＿＿＿）…工業製品の輸出により発展した先進国と，（⑯＿＿＿＿＿＿）の輸出にたよる発展途上国との間の経済格差

d. 新しい貿易の形態

- （⑰＿＿＿＿＿＿＝ WTO）…国や地域の枠をこえた自由貿易の実現を進める

  - EU や ASEAN などの（⑱＿＿＿＿＿＿）…関税の撤廃，投資の自由化により経済的結びつきは強まる

- 進む域内貿易の自由化

  - （⑲＿＿＿＿＿＿＝ FTA）…特定の国や地域間で，関税や貿易の障壁を撤廃することを目的とした協定
  - （⑳＿＿＿＿＿＿＝ EPA）…自由貿易だけでなく幅広い分野の連携強化を目的とした協定

  →日本もさまざまな国・地域と貿易協定を結ぶ

Words 一次産品　海上輸送　加工貿易　関税　経済連携協定　工業製品　航空機　鉱産資源　効率化　コンテナ船　自由貿易　自由貿易協定　世界貿易機関　地域経済圏　南北問題　ブロック　貿易　貿易摩擦　保護貿易　冷凍船

Work & Challenge

Work1　次の図は，日本へのおもな輸入の流れを示している。教科書 p.30 図**1**をみて，日本に
どのような品目が輸入されているのか，輸入元の国ごとの空欄に書きこもう。

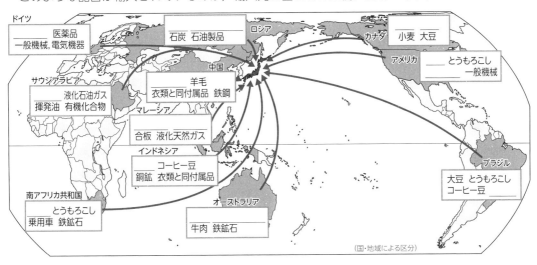

Work2　(1)　教科書 p.31 図**7**をみて，日本と自由貿易協定 (FTA)，経済連携協定 (EPA) を結ん
でいる国々を**赤色**で着色しよう。

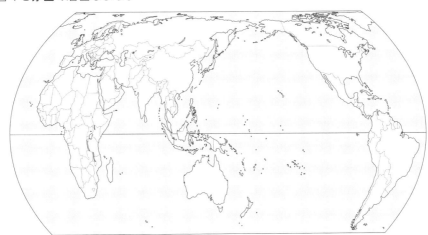

(2)　CPTPP 協定の加盟国に，●印をつけよう。

(3)　FTA や EPA により関税がなくなり，製品の輸出入が自由になると，どのようなメリット・
デメリットがあるだろうか。それぞれ記入しよう。

メリット	デメリット

Basic

① どの場合にはどのような地図が便利か？

a. 身近な地図とその用途

・(①＿＿＿＿) …基本的に利用者が求める情報に焦点をしぼってつくられている
例) 観光案内図，道路地図，路線図
→用途に応じて読み取りやすい記号や配色，レイアウトになっている

・(②＿＿＿＿＿＿) …範囲の拡大縮小が自由自在
スマートフォンに取りこめる
道案内など紙地図にはできない機能がある

b. 一般図と主題図の違い

・(③＿＿＿＿) …地名や道路など基本的な情報を網羅し，正確な位置を示した地図
例) 国土地理院の (④＿＿＿＿)，地図帳の日本地図，世界地図

・(⑤＿＿＿＿) …テーマ (主題) に応じて必要な情報を抽出してあらわした地図
例) さまざまな統計地図

c. わかりやすい地図とは

・使用目的にあった (⑥＿＿＿＿) と精度の地図を選ぶ
→デジタル地図ではズームレベルに応じて表示内容が変化

② 地理情報とは何だろうか？

a. 地理空間情報と GIS のしくみ

・(⑦＿＿＿＿＿) …駅や道路などの地名情報や，人口や交通量などの統計情報
を緯度と経度などの (⑧＿＿＿＿＿) と結びつけたもの

・(⑨＿＿＿＿＿ = GIS) …地理空間情報を位置情報をもとに地図上に重ね
合わせ，分析・管理するシステム

b. GNSS のしくみ

・(⑩＿＿＿＿＿＿ = GNSS) …複数の (⑪＿＿＿＿＿) を用いて，現在
位置を測定することができるしくみ
→アメリカの (⑫＿＿＿＿)，日本の準天頂衛星「(⑬＿＿＿＿)」など

c. 地理情報の活躍

・GNSS は日々の生活に欠かせないものになっている
→自動車の (⑭＿＿＿＿)，スマートフォンの (⑮＿＿＿＿＿) を使い，渋
滞や電車の遅延の状況をリアルタイムで確認できる

・さまざまな分野への展開が期待されている
→無人走行や自動運転の開発，(⑯＿＿＿＿＿) などの経営分析
災害時の避難所や救援物資の状況を地図上に一元管理して公開

Words 位置情報　一般図　カーナビ　縮尺　主題図　人工衛星　全球測位衛星システム　地形図
地図　地図アプリ　地理空間情報　地理情報システム　デジタル地図　マーケティング
みちびき　GPS

Work & Challenge

Work　GNSS（全球測位衛星システム）は私たちの生活に欠かせないものになっている。どのようなことに利用されているか，教科書本文や自分たちの経験をふまえて，記入しよう。

Challenge　教科書 p.34，35 を参考にして，パソコンやタブレットを用いて，以下のデジタル地図の作業をしてみよう。

(1)　「地理院地図」のウェブサイト (https://maps.gsi.go.jp/) を使ってみよう。

地理院地図

① 画面をズームさせて，あなたの学校を表示してみよう。

② 学校正門の位置の緯度・経度・標高を調べて，記入しよう。

緯度	度　　分　　秒	経度	度　　分　　秒	標高	m

③ 学校の面積を測定してみよう。

面積	km²

④ 学校から最寄り駅 (もしくは自宅) までの距離を計測してみよう。

距離	km

⑤ 学校から最寄り駅 (もしくは自宅) までの断面図を作成してみよう。

⑥ 地図の種類「標高・土地の凹凸」から，「自分で作る色別標高図」を選び，学校周辺地域の標高図を作成しよう。

⑦ 「標高・土地の凹凸」にある，様々な地図を試して，学校周辺の地形をみてみよう。

⑧ 「最新写真」や「年代別の写真」を表示して，2 画面を並べて，地図と比較してみてみよう。

⑨ 3D 機能を使って，学校周辺の地形を立体的にみてみよう。

(2)　「Google Earth」を使ってみよう。

① 検索欄に先ほど求めた緯度・経度を入力して，あなたの学校を表示させてみよう。

② 学校の面積と学校周囲の距離を測定してみよう。

面積	km²	距離	km

③ ストリートビュー機能を用いて，学校周辺地域を画面上で探検してみよう。

(3)　デジタル地図の作業を通して，学校の立地や学校周辺地域についてわかったことをまとめよう。

📖Basic

①地球の起伏はどのようにして生まれたか？

  a. 活発に動き続ける大地

    ・地球表面…いたるところに起伏

     山脈…（①＿＿＿＿＿＿）山脈：8000m 級の山々が連なる

                 →インド亜大陸がユーラシア大陸に衝突して誕生

     平原…（②＿＿＿＿＿＿＿）平原：果てしない平野が広がる

  b. 地球内部からはたらく力

    ・（③＿＿＿＿＿＿）…地球内部のエネルギーによって土地を隆起，沈降させる力

    ・（④＿＿＿＿＿）…地球表面をおおう厚さ数十〜 200km の巨大な十数枚の岩盤

    ・プレートはその下の（⑤＿＿＿＿＿）の動きによって移動

      →この考え方を（⑥＿＿＿＿＿＿＿＿＿＿＿）という

    ・プレートの移動に伴いプレートの境界ではプレートどうしの衝突や沈みこみが発生

      →（⑦＿＿＿＿）や（⑧＿＿＿＿）の噴火などの（⑨＿＿＿＿＿＿）が活発

    ・（⑩＿＿＿＿＿）…内的営力が強く働く一帯

  c. プレート境界と地形

    ・プレート境界：四つのタイプ

      ┌ ・（⑪＿＿＿＿＿＿）境界

      │ ┌ （⑫＿＿＿＿）帯：（⑬＿＿＿＿）プレートどうしが衝突

      │ │   （例）インド・オーストラリアプレートとユーラシアプレート

      │ └ （⑭＿＿＿＿＿＿）帯：（⑮＿＿＿＿）プレートが大陸プレートの下に沈みこむ

      │   →（⑯＿＿＿＿）をつくる

      │ ・（⑰＿＿＿＿＿）境界…二つのプレートが離れる

      │   →割れ目からマグマが上昇し，火山活動がおこって

      │   （⑱＿＿＿＿）ができる

      │   （例）大西洋中央海嶺

      └ ・ずれる境界

    ・プレート境界から離れた一帯…平坦な地形

     （⑲＿＿＿＿＿＿）（安定陸塊）…東ヨーロッパ平原など

  d. 地形を外から変える力

    ・（⑳＿＿＿＿＿＿）…太陽からのエネルギーと重力に起因する力

            └河川や海洋などの水の流れ，氷河の動き，風の力

          土地の侵食→土砂の運搬・堆積…新たな地形の形成

    ・内的営力と外的営力→さまざまな地形を形成

・・

Words 安定大陸　海溝　外的営力　海洋　海嶺　火山　地震　沈みこみ　衝突　せばまる　大陸
　　　　　地殻変動　内的営力　東ヨーロッパ　ヒマラヤ　広がる　プレート
　　　　　プレートテクトニクス　変動帯　マントル

Work & Challenge

Work　教科書や地図帳を参考にして，①〜⑪に入るプレートの名称を答えよう。

また，（A）〜（C）に入るプレート境界の種類を答えよう。

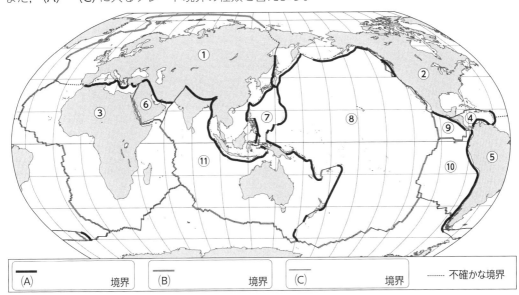

━━━		▭		▭		…… 不確かな境界
(A)	境界	(B)	境界	(C)	境界	

①	プレート	②	プレート	③	プレート	④	プレート
⑤	プレート	⑥	プレート	⑦	プレート	⑧	プレート
⑨	プレート	⑩	プレート	⑪			プレート

Challenge　地図帳を参考にして，次の地図のおもな大地形の名称を答えよう。

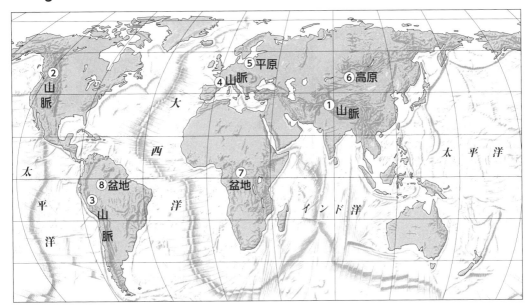

①	山脈	②	山脈	③	山脈	④	山脈
⑤	平原	⑥	高原	⑦	盆地	⑧	盆地

② 山地と平野の生活／地理のスキルアップ④・⑤

教科書：p.46-47, 50-52

📖 Basic

②山地と平野の地形を活かした暮らしとは？

a. 山地での暮らし

・勾配（こうばい）が急な山地での河川の作用…侵食（しんしょく）・運搬作用

　（①＿＿＿＿＿）…急流で山地が削られた傾斜の鋭い谷

　ダム建設…各種用水，水力発電，洪水（こうずい）防止

・傾斜地の耕地利用…階段状につくられた（②＿＿＿＿）

b. 平野での暮らし

・平野での河川の作用…堆積作用

・（③＿＿＿＿＿）…河川が山地から平野に出たところに礫（れき）が堆積（たいせき）して形成

　扇状地の構造…扇頂（せんちょう），扇央（せんおう），扇端（せんたん）

　扇状地を流れる川…伏流水（ふくりゅうすい）となって増水時以外は水流がない（④＿＿＿＿＿）

　（⑤＿＿＿＿）…扇端で豊富，水田や集落を形成

・平野での地形形成

　（⑥＿＿＿＿＿）…平野を流れる河川が増水した際，周辺に土砂を堆積して形成

　（⑦＿＿＿＿＿）…河川の両岸に土砂が堆積した微高地（びこうち）…集落や道路が立地

　（⑧＿＿＿＿＿）…（⑦）の背後の水はけの悪い湿地…水田に適している

　石狩川下流域…泥炭地（でいたんち）を客土（きゃくど）によって改良して水田化した日本有数の稲作地帯

c. 河口部での暮らし

・（⑨＿＿＿＿）…河川の河口部で砂泥が堆積してできた低平な地形

・河口部での人工地形　┌（⑩＿＿＿＿＿）…農地増加のため

　　　　　　　　　　　└（⑪＿＿＿＿＿）…工場用地や居住地をふやすため

　（⑫＿＿＿＿＿）…オランダで低湿地を堤防で囲いこんで排水や干拓による陸地化

地理のスキルアップ④・⑤ 地形図で読む地形と生活

・（⑬＿＿＿＿＿）…同じ標高の場所を結んだ線

　等高線の間隔が密なところ…急傾斜。等高線の間隔がまばらなところ…緩傾斜（かん）

　（⑭＿＿＿＿）…等高線が標高の低い方に突き出ているところ

　（⑮＿＿＿）…等高線が標高の高い方に突き出ているところ

・（⑯＿＿＿＿＿）…三角測量を用いて経緯度を測量するための基準点

・（⑰＿＿＿＿＿）…その地点の標高を求める水準測量の基準点

・（⑱＿＿＿＿＿）…人工的な堤防を河床上昇（かしょう）に伴いかさ上げしたため，河床が家屋や道路よりも高くなった河川。道路や鉄道が横断する際にトンネルでくぐる

・（⑲＿＿＿＿＿）…土地の相対的上昇の際に河床が下方に侵食されてできた段丘

・下総台地…台地が広がり，（⑳＿＿＿＿）と呼ばれる細長い谷が刻まれている（しもうさ）

Words　埋立地（うめたてち）　尾根（おね）　河岸段丘（かがん）　干拓地（かんたくち）　後背湿地（こうはいしっち）　三角州　三角点　自然堤防　水準点　扇状地（せんじょうち）　棚田（たなだ）　谷　天井川（てんじょう）　等高線　氾濫原（はんらんげん）　ポルダー　水無川（みずなしがわ）　谷津（やつ）　湧水（ゆうすい）　V字谷（ブイじこく）

✏Work & Challenge

Work 次の模式図の①〜⑧の地形の名称を答えよう。

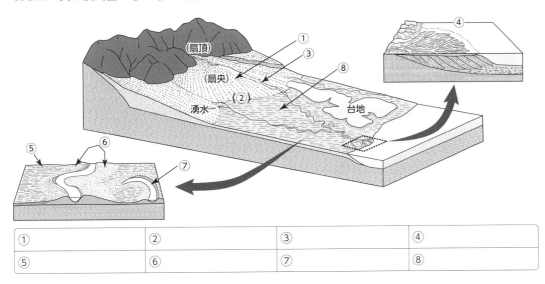

①	②	③	④
⑤	⑥	⑦	⑧

Challenge 次の地形図の等高線を読み取ろう。

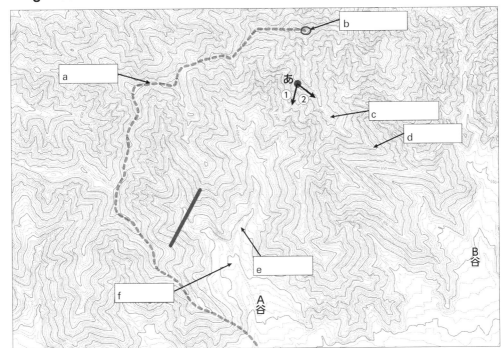

(1) 図中のa〜fに，次の名称を記入しよう。

　　谷 (沢)　　谷の合流　　尾根　　尾根の分岐　　鞍部（峠）　　頂上

(2) 図中の**あ**地点に降った雨は，①と②，どちらの方向へ流れるだろう。

(3) 図中の点線は A 谷の集水域の範囲をあらわす分水線の一部である。B 谷の集水域との境界にあたる残りの分水線を記入しよう。

(4) A 谷の集水域中のおもな谷線 (青線) を記入しよう。

(5) 図中の太線をダムにして堰き止めたら，貯水池はどのような形になるだろう。**青色**で塗ろう。

2章

1節

自然環境と生活文化

教科書：p.48-49, 53

📖 Basic

③海岸部の地形を活かした暮らしとは？

a. 海岸にみられる地形

・（①＿＿＿＿＿＿＿）…岩石が露出する海岸，急傾斜

→海岸に面した山地や台地が波や（②＿＿＿＿＿）で侵食

・（③＿＿＿＿＿＿＿）…砂礫が堆積した海岸

→波や沿岸流によって土砂が運ばれ海岸付近に堆積

・日本列島の海岸線…侵食・堆積，土地の隆起・沈降により複雑なかたち

b. 砂浜海岸での暮らし

・砂浜が発達…九十九里浜

・（④＿＿＿＿＿）が発達…鳥取砂丘

→遠浅の海…大型船の航行困難，港湾になりにくい…レジャーの場として利用

・砂浜海岸の地形

（⑤＿＿＿＿＿＿）…沿岸流に沿って細長く砂が堆積

（⑥＿＿＿＿＿＿）…鳥のくちばしのように細長く突き出して砂が堆積

（⑦＿＿＿＿＿＿）（潟湖）…砂州や砂嘴が発達して外海と隔てられた湖

→海水と淡水が混ざり合い，多様な魚類や貝類が生息

c. 岩石海岸での暮らし

・（⑧＿＿＿＿＿＿＿）…陸上の谷が地盤沈降や海水準上昇により海面下に沈んだ湾

・（⑨＿＿＿＿＿＿＿＿）…半島とおぼれ谷が交互につながり海岸線が入り組んだ地形

→深い入江…天然の良港，牡蠣・海苔などの養殖に好適，風光明媚な観光地

→湾奥は狭く浅い…大きな津波被害の可能性

・（⑩＿＿＿＿＿＿＿＿）…氷河の侵食を受けた（⑪＿＿＿＿＿＿）に海水が侵入

→水深の深い細長い谷が陸地の奥まで続く，大型船の航行も可能

d. 海岸の人工改変

・（⑫＿＿＿＿＿＿＿）…日本の全海岸線の3分の1

・（⑬＿＿＿＿＿＿＿）…遠浅な砂浜海岸を海側から砂浜や砂丘を深く掘削

→大型船舶の接岸可能…工業港，貿易港　例）鹿島港

・（⑭＿＿＿＿＿＿＿）…河川の上流にダム建設→河口の砂浜海岸へ土砂の供給減少

→海岸線後退

→日本三景の一つである京都府の（⑮＿＿＿＿＿＿）などでの砂浜の保全対策

地理のスキルアップ⑤ 地形図で読む地形と生活

・（⑯＿＿＿＿＿＿）…砂州が沖合の島とつながって陸続きになったもの

・（⑰＿＿＿＿＿）…船舶の航行のための地図で水深や海岸地形，航路標識などを記載

Words 天橋立　沿岸流　おぼれ谷　海図　海岸侵食　岩石海岸　砂丘　砂嘴　砂州　人工海岸
砂浜海岸　フィヨルド　掘り込み港　ラグーン　リアス海岸　陸繋島　U字谷

Work & Challenge

Work　次の海岸地形の①〜⑧の地形の名称を入れよう。

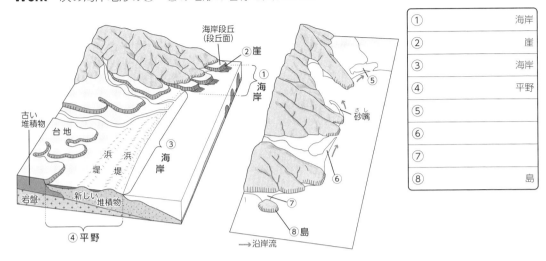

①	海岸
②	崖
③	海岸
④	平野
⑤	
⑥	
⑦	
⑧	島

Challenge　地形図から海岸地形を読み取ろう。

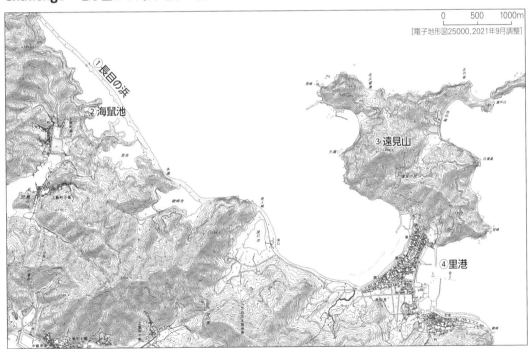

0　　500　　1000m

[電子地形図25000, 2021年9月調整]

(1)　上の地形図の①〜④の海岸地形を記入しよう。

長目の浜… ①	海鼠池 … ②
遠見山 … ③	里港周辺… ④

(2)　地理院地図の「土地の成り立ち・土地利用」のなかの「海の作用による地形」の
　　ページを開き，上記と同じタイプの海岸地形がみられる場所を探してみよう。

地理院地図

④ 地球上の気候のなりたち／地理のスキルアップ⑥

教科書：p.54-57

📖Basic

④気候の違いはどうして生まれるか？

a. 気候の違いと生活

- （①＿＿＿＿＿＿＿）の住居
  - →シベリア…家からの熱で凍土が融けて建物が傾くのを防ぐため
  - →インドネシア…風通しをよくして暑さや湿気をおさえるため

b. 大気の大循環

- （②＿＿＿＿＿）…太陽からの放射
  - →低緯度ほど太陽からの単位面積当たりに受けるエネルギーが大きい
- （③＿＿＿＿＿）…日射がほぼ直角に入る低緯度では空気が温められて上昇
  - →高温多湿の空気が上昇（上昇気流）→雲ができる→降水
- （④＿＿＿＿＿）…低緯度で上昇した空気が高緯度に移動して冷やされて下降
  - →乾燥しているため雨はふらない
- 地上では大気は高圧帯から低圧帯へ移動
  - →亜熱帯高圧帯から赤道低圧帯へ…（⑤＿＿＿＿＿＿）
  - →亜熱帯高圧帯から高緯度低圧帯へ…（⑥＿＿＿＿＿）
- （⑦＿＿＿＿＿＿＿）…地球全体を包む大きな大気の流れ

c. さまざまな気候の違い

- （⑧＿＿＿＿＿＿）…気候の状態をあらわす指標（気温，降水量，風など）
- （⑨＿＿＿＿＿＿）…気候の違いに影響を及ぼす要因（標高，海流など）
- （⑩＿＿＿＿＿＝モンスーン）…大陸と大洋の間で発達
  - →夏：大陸は日射により温まり上昇気流が発生→大洋から大陸へ湿潤な風→降水
  - →冬：大陸よりも海が温かい→大陸から大洋へ寒冷な乾燥した風
    - 南アジア～東アジア…（⑪＿＿＿＿＿＿＿＿＿＿）とよばれる

地理のスキルアップ⑥ 世界の気候区分を大観し，雨温図を描いてみよう

a. ケッペンの気候区分

- ケッペン…ドイツの気候学者，（⑫＿＿＿＿＿）と気候の関係から気候区分を作成
  - →降水量と気温が植物の生育に影響…月平均気温と月降水量で気候を区分
- 五つの気候帯…（⑬＿＿＿＿＿＝ A），（⑭＿＿＿＿＿＿＝ B），
  - （⑮＿＿＿＿＿＝ C），（⑯＿＿＿＿＿＿＝ D），（⑰＿＿＿＿＝ E）

b. 雨温図を描いてみよう

- 雨温図…1 ～ 12 月までの月平均気温を折れ線グラフ，月降水量を棒グラフで示す
- （⑱＿＿＿＿＿＿＿＿＿）…月平均気温の最高値と最低値の気温差
- 月降水量の値…雨が続く（⑲＿＿＿＿＿）や雨の少ない（⑳＿＿＿＿＿），また，1 年中多
  - いか少ないかを読み取ることができる

- -

Words 　亜寒帯　雨季　温帯　乾季　乾燥帯　寒帯　気温の年較差　気候因子　気候要素　季節風
高圧帯　植生　大気の大循環　高床式　低圧帯　日射　熱帯　偏西風　貿易風
モンスーンアジア

Work & Challenge

Work 教科書 p.55 図**5**を参考にして，次の大気の大循環の模式図に名称を記入しよう。

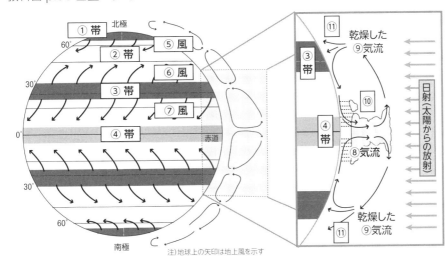

①	帯	②	帯	③	帯	④	帯
⑤	風	⑥	風	⑦	風		
⑧	気流	⑨	気流	⑩		⑪	

Challenge （1） 教科書 p.56 図**1**を参考にして，下の凡例の世界の気候区を着色しよう。

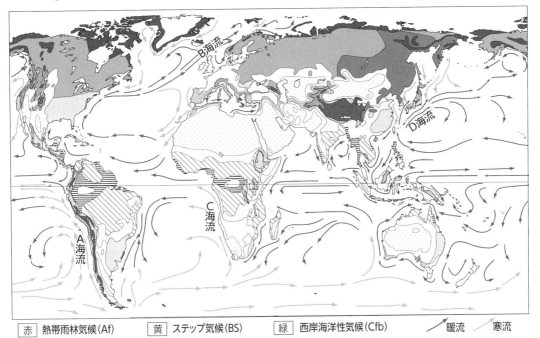

| 赤 | 熱帯雨林気候（Af） | 黄 | ステップ気候（BS） | 緑 | 西岸海洋性気候（Cfb） | ╱ 暖流 ╱ 寒流 |

（2） 地図帳を参考にして，地図上の A 〜 D の海流名と，それが暖流か寒流かを書きこんでみよう。

A	海流	流	B	海流	流	C	海流	流	D	海流	流

📖Basic

⑤アフリカでの暑さに対応するための工夫とは？

a. 熱帯の気候の特徴

- （①＿＿＿＿＿ ＝ A）…赤道をはさんで南北回帰線の間に分布
- （②＿＿＿＿＿＿＿ ＝ Af）…赤道付近に分布，常緑広葉樹，高木，多様な動植物
- （③＿＿＿＿＿＿ ＝ Aw）…熱帯雨林気候の周囲に分布，雨季と乾季が明確
    - （④＿＿＿＿＿）…丈の高い草原に高木が点在する植生・大型野生動物が生息

b. 熱帯雨林気候の自然と生活

- （⑤＿＿＿＿＿＿）…午後，突発的な風に伴う降水，昼夜の気温差大
- （⑥＿＿＿＿＿＿）…土壌の自然再生力の利用，キャッサバなどのいも類を栽培
- コンゴ盆地…生物多様性の宝庫，マラリアなどの（⑦＿＿＿＿＿）が発生しやすい

c. サバナ気候の自然と生活

- 雨季：草原，乾季：荒野，雨季：農業，乾季：収穫（綿花，さとうきびなど）
- 降水量の変動が大きい…干ばつ，洪水

⑥サウジアラビア，モンゴルでの乾燥への工夫とは？

a. 乾燥帯での生活

- （⑧＿＿＿＿＿＿＿）（アドベ）の住居…サウジアラビア
    - →昼間は太陽熱をさえぎり，夜はたまった熱で室内を温める
- 移動式住居の（⑨＿＿＿＿＿）…モンゴル
    - →遊牧に対応するために家屋の組み立てが簡単

b. 乾燥帯の気候の特徴

- （⑩＿＿＿＿＿ ＝ B）…中緯度の地域，大陸内陸部に分布，陸地面積の4分の1
- （⑪＿＿＿＿＿＿ ＝ BW）…降水量が極端に少なく蒸発量が多い
    - （⑫＿＿＿＿＿＝涸れ川）…雨が降ったときだけ水が流れる内陸河川
- （⑬＿＿＿＿＿＿＿ ＝ BS）…砂漠気候より降水は多いが樹木は育たない
    - （⑭＿＿＿＿＿＿）…雨季に広がる草原
- 比較的降水量が多い地域に肥沃な（⑮＿＿＿＿＿）が分布…小麦の大生産地

c. 砂漠での生活—サウジアラビアを例に

- （⑯＿＿＿＿＿＿）…砂漠に点在，都市の発達
    - →（⑰＿＿＿＿＿＿）…河川や湧き水からの水利による農業
- （⑱＿＿＿＿＿＿）…山麓から地下用水路を通して水を導く農業
- （⑲＿＿＿＿＿＿＿）…地下水を汲み上げて散水→地下水枯渇問題

d. 草原での生活—モンゴルを例に

- （⑳＿＿＿＿＿）…水や家畜飼料の草を求めて移動しながら生活
    - →過放牧や乾燥化による草地の劣化→定住化の進展

Words オアシス　オアシス農業　灌漑農業　乾燥帯　ゲル　黒色土　砂漠気候　サバナ
サバナ気候　スコール　ステップ　ステップ気候　センターピボット　熱帯　熱帯雨林気候
日干しれんが　風土病　焼畑農業　遊牧　ワジ

Work & Challenge

Work　次の気候表をみて，バンコク（タイ）とカイロ（エジプト）の雨温図を完成させ，それぞれ何気候になるか判定してみよう。

（**太字**は最高値，*斜体*は最低値）

都市名 （標高）	気温 降水量	1月	2月	3月	4月	5月	6月	7月	8月	9月	10月	11月	12月	全年
バンコク （3m）	℃	27.6	28.7	29.8	**30.8**	30.5	29.8	29.3	29.1	28.7	28.5	28.4	*27.4*	29.1
	mm	24.2	19.4	53.6	92.7	215.4	209.9	182.9	212.0	**343.6**	304.0	46.5	*13.5*	1717.7
カイロ （139m）	℃	*13.9*	15.2	17.9	21.8	25.3	27.9	**29.2**	29.0	27.5	24.6	20.0	15.7	22.3
	mm	6.0	3.2	8.9	0.9	*0.0*	*0.0*	*0.0*	*0.0*	0.2	1.2	1.2	**8.1**	29.7

雨温図

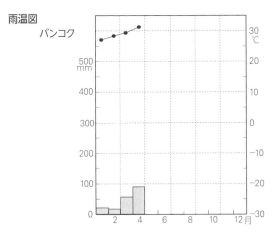

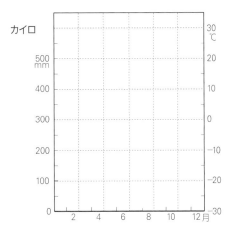

気候区：＿＿＿＿＿＿＿＿気候　　　　　　　　　　　　　　　　　　　　　　気候

Challenge　熱帯と乾燥帯の人々の生活を映した写真をみて，次の問いに答えよう。

街を歩く人々（左：タンザニア，右：カタール）

さまざまな家屋（左：インドネシア，右：サウジアラビア）

(1) 衣服について，それぞれどのような工夫がみられるか。

(2) 住居について，それぞれどのような工夫がみられるか。

📖Basic

⑦大陸の西岸と東岸で気候と暮らしはどう違うか？

a. 大陸西岸の気候の特徴

・（①＿＿＿＿＿＿＝C）…中緯度でみられる。大陸西岸では緯度30〜60度に分布

・（②＿＿＿＿＿＿＿＿＿＝Cfb）…1年を通じて適度の降水

・（③＿＿＿＿＿＿＿＿＝Cs）…夏は亜熱帯高圧帯の影響で晴天，冬は多雨

　→（④＿＿＿＿＿＿）の影響…温暖のため，ヨーロッパは人々の活動の中心地

b. 大陸西岸の生活

・スコットランドの生活：（⑤＿＿＿＿＿＿＿）…ウール素材で吸湿性と放湿性に富む

　　　　　　　　　　（⑥＿＿＿＿＿＿）を使った住居…寒暖や強風に対応

・ヨーロッパの主食：パン・パスタ…（⑦＿＿＿＿＿）：少雨でも栽培可能

　　　　　　　　　　（⑧＿＿＿＿＿＿）：やせた土地でも栽培可能

c. 大陸東岸の気候の特徴

・大陸東岸…温帯は緯度20〜45度に分布

・（⑨＿＿＿＿＿＿＿＿＝Cfa）…1年を通じて多雨

・（⑩＿＿＿＿＿＿＿＿＿＝Cw）…雨は夏に多く冬に少ない

・（⑪＿＿＿＿＿＿＝モンスーン）により夏は気温が上昇，冬は低下

　→大陸西岸に比べて気温の年較差が大きい，台風の北上→暴風，洪水

d. 大陸東岸の生活

・日本の生活：伝統衣装の着物…麻や綿は通気性と吸湿性に富む

　多い森林資源：（⑫＿＿＿＿＿＿＿）…断熱性，保湿，吸湿性にすぐれる

・アジアの主食：米…降水量が多い東アジア〜南アジアで栽培。小麦…北部や内陸部

⑧シベリアの寒さを乗り切る生活の工夫とは？

a. 亜寒帯・寒帯の気候の特徴

・（⑬＿＿＿＿＿〈冷帯〉＝D）…ユーラシア大陸と北アメリカ大陸の北部に広く分布

　→長くきびしい冬，比較的温暖な夏，気温の年較差大，短い夏にライ麦などを栽培

・（⑭＿＿＿＿＿＝E）…北極海の周辺地域と南極大陸に分布

　→低温で少ない降水量，やせた土壌（＝⑮＿＿＿＿＿＿＿），ツンドラの大地

b. シベリアの亜寒帯の自然と生活

・（⑯＿＿＿＿＿＿＿）…気温の年較差が大きい

・（⑰＿＿＿＿＿）…樹種が少なく純林が多い針葉樹→林業に適する

・北流河川（オビ川・エニセイ川・レナ川など）…（⑱＿＿＿＿＿＿＿）の発生

c. シベリアの寒帯の自然と生活

・（⑲＿＿＿＿＿＿＿＿）…北極海沿岸に広がる，農業ができないためトナカイを遊牧

・（⑳＿＿＿＿＿＿）…地球温暖化の進行により融解のおそれ

Words　亜寒帯　永久凍土　温帯　温帯冬季少雨気候　温暖湿潤気候　寒帯　季節風　キルト　小麦
西岸海洋性気候　石材　タイガ　大陸性気候　地中海性気候　ツンドラ気候　偏西風
ポドゾル　木造家屋　融雪洪水　ライ麦

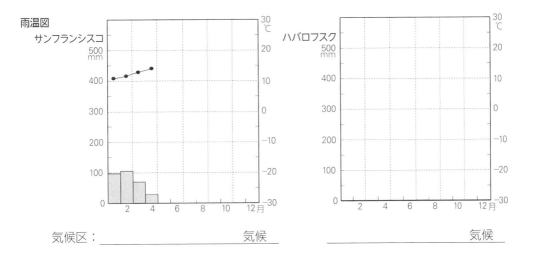Work & Challenge

Work 次の気候表をみて，サンフランシスコ（アメリカ）と ハバロフスク（ロシア）の雨温図を
完成させ，それぞれ何気候になるか判定してみよう。

（**太字**は最高値，*斜体*は最低値）

都市名 (標高)	気温 降水量	1月	2月	3月	4月	5月	6月	7月	8月	9月	10月	11月	12月	全年
サンフランシスコ (4m)	℃	*10.7*	11.8	13.0	13.9	15.4	16.9	17.7	**18.2**	**18.2**	16.9	13.4	*10.7*	14.7
	mm	98.8	100.2	69.4	35.2	13.3	3.8	*0.0*	1.0	1.9	20.0	50.3	**105.9**	499.8
ハバロフスク (76m)	℃	*-19.2*	-14.9	-5.8	5.0	13.1	18.1	**21.6**	20.1	14.3	5.6	-6.8	-17.3	2.8
	mm	15.4	*11.3*	21.4	39.8	65.7	63.2	**126.1**	125.3	85.3	50.8	25.9	13.2	643.4

雨温図

サンフランシスコ

ハバロフスク

気候区： ＿＿＿＿＿＿＿＿＿＿＿ 気候　　　　　　＿＿＿＿＿＿＿＿＿＿＿ 気候

Challenge 次の2枚の写真は，その地点の自然環境に適応した生活のようすをあらわしている。
その地点の気候をヒントにして，気候の特徴と利用のようすをまとめよう。

写真1　油やし農園の輸出用の出荷準備
（マレーシア，カリマンタン島）

熱帯雨林気候（Af）

写真2　牧草地に設置された風力発電
（デンマーク・ユーラン半島）

西岸海洋性気候（Cfb）

教科書：p.70-73

📖 **Basic**

①農業地域はどのように生まれるか？

　a. 自然条件からみた農業の地域性

　【気候】

　・（①＿＿＿＿＿＿）：熱帯を中心に降水量の多い地域

　　　　　　　　　　　　森林を伐採して火入れし，雑穀やいも類を栽培

　・（②＿＿＿＿）：アフリカ大陸やユーラシア大陸の乾燥帯

　　　　　　　　　　北極海沿岸の寒帯・亜寒帯　　　　 の地域で行われる

　　　　　→乾燥地や寒冷地では作物の栽培が難しく，家畜の飼育に限られる

　【地形】

　・丘陵や山地の地形を活かし，アルプス山脈では（③＿＿＿），（④＿＿＿＿）山
　　脈では畑作が行われている

　b. 社会条件からみた農業の地域性

　・（⑤＿＿＿＿＿＿＿＿）や（⑥＿＿＿＿＿＿＿）：企業が大型施設や機械を使って
　　大規模に栽培する形態

　　　　　→16世紀，ヨーロッパ人が（⑦＿＿＿＿＿）に入植した際に開拓したことが始まり

　　　　　…（⑧＿＿＿＿＿＿＿）大陸や（⑨＿＿＿＿＿＿＿）大陸の大平原を利用

　c. 自給的農業から商業的農業へ

　・自給的農業：自分たちの消費用

　　　　…伝統的な農業である焼畑農業や遊牧

　・商業的農業：販売用

　　・穀物栽培＋家畜飼育＝（⑩＿＿＿＿＿＿）

　　　　　→経済発展によって（⑪＿＿＿＿＿＿）が増え，商業的性格が強い農業に発展

　　・大都市向けに生乳や乳製品を生産：酪農

　　・都市近郊で野菜・果物などを栽培：（⑫＿＿＿＿＿）

　　・企業的穀物農業：アメリカの（⑬＿＿＿＿＿＿＿＿＿）やアルゼンチンの

　　　　　　　　　　　（⑭＿＿＿＿＿）などで，小麦やとうもろこしを大規模に栽培

　d. 農業技術の進歩とその影響

　・（⑮＿＿＿＿＿＿）の進歩：冷凍・冷蔵技術や輸送手段の発達

　　　　…生産地～消費地間の距離に関係なく，肉類の輸出が可能に

　　　　　→世界市場に向けた生産へ

　・（⑯＿＿＿＿＿＿）による寒冷地での作物栽培が可能に

　・（⑰＿＿＿＿＿＿＿＿）による，害虫に強い品種作成

　・（⑱＿＿＿＿＿＿＿＿）：生産だけでなく，加工，流通，販売，種子・農薬・化学肥
　　　　　　　　　　　　料の開発にまで広がった農業関連産業

　・（⑲＿＿＿＿＿＿＿）とよばれる商社が穀物の流通に大きな影響力

Words　アグリビジネス　アンデス　遺伝子組み換え　園芸農業　オーストラリア　企業的穀物農業
企業的牧畜業　グレートプレーンズ　穀物メジャー　混合農業　新大陸　都市人口
南北アメリカ　農業技術　パンパ　品種改良　焼畑農業　遊牧　酪農

Work & Challenge

Work　教科書 p.70 図**1**を参考にして，農業地域区分図を完成させよう。

(1)　凡例(あ)〜(お)の空欄に農業の名称を記入しよう。

(2)　集約的稲作農業，混合農業，企業的穀物農業の地域について，凡例の色で着色しよう。

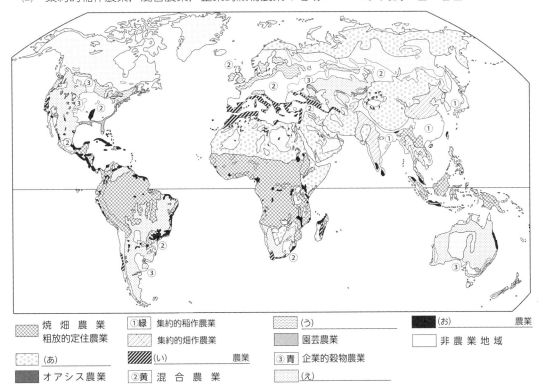

	焼 畑 農 業 粗放的定住農業	①緑	集約的稲作農業		(う)	■	(お) 　　　　　　 農業
			集約的畑作農業		園芸農業		非 農 業 地 域
	(あ)		(い) 　　　　　 農業	③青	企業的穀物農業		
	オアシス農業	②黄	混 合 農 業		(え)		

Challenge　教科書 p.72, 73 の主題図を参考にして，次の円グラフの空欄①〜⑤の国名と，その国の農業の特徴についてまとめた表の空欄 A 〜 E を記入しよう。

	国　名	特　徴
①		気温が高く降水量の多い (A　　　　　　　　) 地域で米の栽培が盛ん。人口大国であり国内消費が多い。
②		チャオプラヤ川が形成する肥沃な平野を中心に米の生産が盛ん。(B　　　　　　) への輸出が多い。
③		(C　　　　　　　　) 農業が進んでおり，輸出を目的にした小麦栽培が大規模に行われている。
④		赤道周辺の熱帯で行われるプランテーション農業で，嗜好作物であるカカオ豆の (D　　　　) 栽培が行われている。
⑤		夏に高温，(E　　　　　) する地中海沿岸で，気候特性に適したオリーブやぶどうなどを栽培。

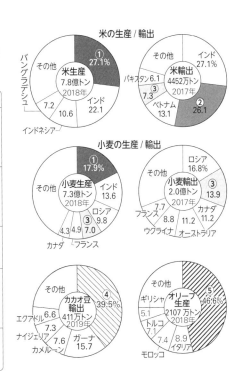

② 農業と生活文化

教科書：p.74-75

📖 Basic

②南アジアの農業はどのように行われているか？

a. インドの主食は何？

・小麦を主食とする地域

[
(①＿＿＿＿＿)：小麦粉でつくった生地を発酵させて石窯で焼いたもの

(②＿＿＿＿＿＿)：小麦粉の生地を発酵させないで丸く平たく伸ばしてフライパンのような鍋で焼いたもの
]

・炊いた (③＿＿＿) を主食とする地域

b. 南アジアの自然と農業

・(④＿＿＿＿＝モンスーン)：南アジアで乾季と雨季がはっきりしている理由

　・乾季 (1 ～ 4 月)：(⑤＿＿＿＿＿) 山脈から乾燥した北東モンスーンが吹きこむ

　・雨季 (6 ～ 10 月)：アラビア海から湿った (⑥＿＿＿＿) のモンスーンが吹く

　　　　　　　　　インド半島沿岸部やヒンドスタン平原で降水量が多くなる

・小麦と米の分布と年降水量の関係

[
・小麦：年降水量 1000mm 未満のインダス川上流の (⑦＿＿＿＿＿＿) 地方から (⑧＿＿＿＿＿) 川上流にかけての乾燥地域

・稲 (米)：年降水量 1000mm 以上の降雨が多い地域と重なる…水田耕作
]

c. 南アジアの商品作物の栽培

・綿花の栽培地域：収穫期に (⑨＿＿＿＿＿) となる,

　　　排水のよい肥沃な土壌に恵まれた (⑩＿＿＿＿＿) 高原やインダス川流域に分布

・茶の栽培地域：世界有数の多雨地帯で, 高温多湿のヒマラヤ山脈の丘陵地である

　(⑪＿＿＿＿＿) 地方

　　…ともに輸出用の (⑫＿＿＿＿＿) として一大産地を形成

d. 農業と食生活の変化

・インドではイギリスから 1947 年に独立した後, 人口急増・食料不足が深刻化

　→ 1960 年代後半に農業改革 (⑬「＿＿＿＿＿」) が行われた

　　…小麦や米の (⑭＿＿＿＿＿) 品種を導入

　　… (⑮＿＿＿＿) 面積を増やす　など

　→ 1970 年代には穀物自給を達成, 1990 年代には輸出するまでに増加

・(「⑯＿＿＿＿＿」)：ヒンドゥー教徒の多いインドでは (⑰＿＿＿＿) を神聖視して食べない人が多い一方で, 1970 年代には生乳の集荷システムが充実

　→生乳や (⑱＿＿＿＿＿) の生産量が急増…貧しい農民層の貴重な収入源に

・現在, インドの経済発展の恩恵を受けた中間層の食生活は大きく変化

　…卵や果実, (⑲＿＿＿＿) などの需要が増加

　…都市人口が増加し, 都市向けに野菜などの農産物を生産する (⑳＿＿＿＿) 農業が盛んに

Words　アッサム　牛　灌漑　乾季　ガンジス　季節風　近郊　高収量　米　商品作物　白い革命
チャパティ　デカン　鶏肉　ナン　南西　バター　パンジャブ　ヒマラヤ　緑の革命

Work & Challenge

Work インドの米・小麦の生産について，次の問いに答えよう。

(1) 教科書 p.75 図**6**を参考にして，右の地図中（1月と7月）に季節風（モンスーン）の風向を矢印で書きこんでみよう。

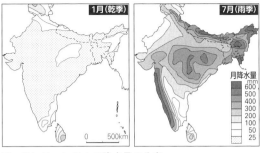

図　モンスーンによる降水量の分布

(2) 次の料理や作物の写真は地図の A ～ D のどこにあたるか，地図帳で州を調べて記入しよう。

チャパティ：ウッタラカンド州

小麦の収穫：ラージャスタン州

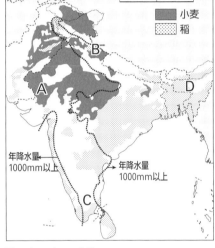

カレーと米：アッサム州　　稲の田植え：タミルナドゥ州

図　南アジアの農業

(3) 小麦と稲（米）の栽培地域と降水量の関係について，まとめてみよう。

小麦：

稲（米）：

Challenge インドの米・小麦の生産・輸出を示す右のグラフ（教科書 p.75 図**9**）を参考にして，下の空欄 A ～ D に，①～④から選び，記入しよう。

①米の生産　　　　②米の輸出
③小麦の生産　　　④小麦の輸出

人口が増加し続ける一方で，「緑の革命」が行われ，モンスーン地域で（A　　　）が，乾燥地域で（B　　　）が増加した。1970年代には穀物自給を達成し，1990年代からは（C　　　）が急増した。年による変動が大きいが，（D　　　）も行われる。

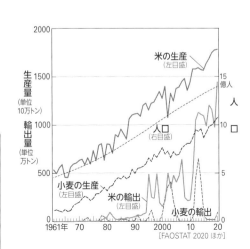

[FAOSTAT 2020 ほか]

2節 ❸ 工業の地域性

📖 Basic

③工業の発展は地域をどのように変えているか？

a. 技術革新による工業の発展

・18世紀末のイギリスでおこった (①＿＿＿＿＿＿)

　：(②＿＿＿＿) や (③＿＿＿＿) を使った動力源が開発されたことによる

　：手作業→機械化…生産量増加と製品の質の向上をもたらす

・20世紀に入ると，自動車の生産に (④＿＿＿＿＿＿) 方式が登場

　…分業による効率化がはかられ，大量生産が行われる

・コンピュータによる高速化や自動化の進展

　→世界の工業は (⑤＿＿＿＿＿＿) の繰り返しによる発展

b. 工業の変化

・工業生産に関係する要素や条件：原料，エネルギー，労働力，技術，物流など

　→この要素・条件に変化をもたらすもの…技術の進歩，資源・エネルギーの変化

・軽工業：(⑥＿＿＿＿) 産業・食品業など

　→重化学工業：(⑦＿＿＿＿) 業・機械工業，化学工業など

　→ (⑧＿＿＿＿＿＿)：コンピュータの登場

　→人工知能 (⑨＿＿＿＿) や (⑩＿＿＿＿＿) などの新技術を組み合わせた産業

・画一的な大量生産→消費者ニーズに合わせた (⑪＿＿＿＿＿＿) 生産へ

c. 世界の工業地域の変化

・工業生産の多い国

　〔2000年〕西ヨーロッパ諸国やアメリカ，日本といった (⑫＿＿＿＿＿)

　→〔2020年〕ブラジル，ロシア，インド，南アフリカ，(⑬＿＿＿＿) からなる

　　(⑭＿＿＿＿) に加え，東南アジアなどを中心とした新興国で生産が増加

d. 国際分業の進展

・工業地域の変化にある背景：先進国の発展途上国への企業進出

　…安価な労働力を求めて，工場の生産部門を新興国へ移転

　→先進国では (⑮＿＿＿＿＿＿) が進む

・先進国：人件費が高い→工場の自動化で (⑯＿＿＿＿＿) を下げる

　→より付加価値をつける (⑰＿＿＿＿) 集約型産業への転換

・発展途上国：繊維工業や電気製品の組み立てなど，手作業の多い (⑱＿＿＿＿) 集約
　　　　　　　型工業が中心

・(⑲＿＿＿＿＿)：製品を一つの国でつくるのではなく，複数の国で分散してつくっ
　　　　　　　た部品を一つの国に集めて組み立てて，世界に輸出

　　　　　　　→ (⑳＿＿＿＿＿＿) がリード

Words 技術革新　組立ライン　国際分業　コスト　産業革命　産業の空洞化　蒸気^{じょうき}　織機^{しょっき}　繊維
先進国　先端技術産業　多国籍企業　多品種少量　知識　中国　鉄鋼　労働　AI　BRICS^{ブリックス}
IoT

Work & Challenge

Work1 右の工業の分類表の空欄**ア〜カ**について，あてはまる工業の種類を下の語群①〜⑥から選び，記入しよう。

語群：①製薬業　②縫製業　③製糖業
　　　④アルミニウム工業　⑤製紙
　　　⑥精密機械工業

軽工業	食料品工業	製粉業，（ア　　　），乳製品工業など
	繊維工業	製糸業，織物工業，（イ　　　）など
	その他	窯業，（ウ　　　）・パルプ工業 木材・木製品など
重化学工業	金属工業	鉄鋼業，（エ　　　）
	機械工業	自動車工業，造船業，（オ　　　） 電子工業など
	化学工業	石油化学工業，石炭化学工業，（カ　　　）

Work2 右の世界の国別工業付加価値額の変化を示した図について，次の問いに答えよう。

(1) 2000年に工業付加価値額が高かった上位4か国をあげてみよう。

(2) 2020年に工業付加価値額が高かった上位6か国をあげてみよう。

(3) (1)・(2)であげた国が，次のどの分類に相当するか記入しよう。

先進国：

アジアNIEs：

BRICS：

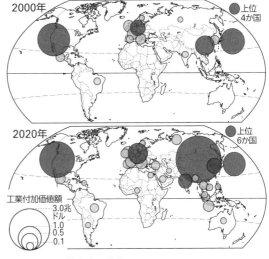

図　世界の工業生産の変化

Work3 技術革新を繰り返して発展してきた工業について，教科書 p.77 図**6**を参考にして，図中の空欄①〜⑤に記入して，整理してみよう。

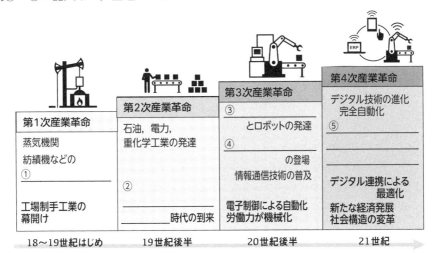

教科書:p.78-81

📖Basic

④中国が「世界の工場」になった背景とは?

a. 新たな工業大国

(①「＿＿＿＿＿＿」) とよばれる中国:工業付加価値額がアメリカを抜いて 1 位

b. 工業化が進んだ背景

【国の方針・政策】1978 年からの (②＿＿＿＿＿＿＿)

:社会主義体制を維持しながら, 経済面では (③＿＿＿) 経済化をはかるもの

…1980 年の (④＿＿＿＿＿), 1984 年の経済技術開発区設置で税制上の優遇,

外国企業の誘致→輸出向け生産を進める外国企業との合弁会社設立

※外国企業の進出要因:豊富で (⑤＿＿＿) な労働力

・1990 年代後半から進んだ外国からの (⑥＿＿＿) 業への投資

・鉱産資源や先端技術産業に欠かせない (⑦＿＿＿＿＿) の産出量が多い

・沿海部の都市近郊の農村に生まれた (⑧＿＿＿＿＿) …余剰労働力を吸収

c. 工業の変化と課題

・2000 年代に工業生産が急速拡大 (軽工業品+パソコン, 家電製品, 自動車など)

課題 1 : (⑨＿＿＿＿＿):都市部や沿海部は豊かに ↔ 取り残された農村部

課題 2 : 少子化を原因とする若年労働者減少などでの賃金水準の上昇

→外国企業の中国撤退, 東南・南アジアなどの低賃金水準国・地域への工場分散

…中国に加えて第三国にも工場を設置する動き (⑩「＿＿＿＿＿＿＿＿」)

d. 工業のさらなる発展

・巨大な国内市場向けの生産を行う中国企業による (⑪＿＿＿＿＿) の高い生産

・(⑫＿＿＿＿＿):日本, EU, アメリカの企業との競合により生じた問題

⑤中国は「世界の工場」から「世界の市場」に?

a. 生活の向上と市場の拡大

・自動車, 冷蔵庫やエアコンなどの (⑬＿＿＿＿＿＿) の保有率上昇

・穀物中心の食生活→肉類, 魚介類, 果物, 野菜の消費量が増加

・インターネットや (⑭＿＿＿＿＿) システムの普及→ネット通販が日常的

b. 経済発展による国内の課題

・1 人当たり域内総生産:沿海部と内陸部で大差…大量の (⑮＿＿＿＿＿＿)

→ (⑯＿＿＿) 戸籍と (⑰＿＿＿) 戸籍の一元化, 中西部都市の整備

・内陸部の (⑱＿＿＿＿＿):沿海部へのエネルギー供給, インフラ整備

c. 世界の市場の発展

・広域経済圏構想 (⑲「＿＿＿＿＿」)

・アジアインフラ投資銀行 (⑳＿＿＿＿) の設立を主導

・アジア向けのインフラ整備支援, アフリカや南アメリカへの進出もさかん

Words 安価 一帯一路 改革開放政策 経済特区 郷鎮企業 市場 所得格差 製造 西部大開発 世界の工場 耐久消費財 チャイナプラスワン 出稼ぎ労働者 電子決済 都市 農村 付加価値 貿易摩擦 レアメタル AIIB

Work & Challenge

Work1 教科書 p.78 図**3**の「中国の生産量が世界一の工業製品」について，中国の生産シェアの高い品目の上位三つを記入しよう。

①
②
③

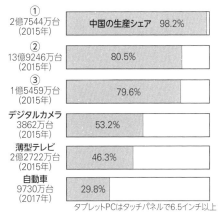

① 2億7544万台 (2015年)	中国の生産シェア 98.2%
② 13億9246万台 (2015年)	80.5%
③ 1億5459万台 (2015年)	79.6%
デジタルカメラ 3862万台 (2015年)	53.2%
薄型テレビ 2億2722万台 (2015年)	46.3%
自動車 9730万台 (2017年)	29.8%

タブレットPCはタッチパネルで6.5インチ以上

Work2 次のおもな国の工業生産額と研究開発費の推移を示す折れ線グラフの中国を示すものの正しい組合せを，以下の選択肢①〜⑨より一つ選ぼう。

選択肢　①あ・A　②あ・B　③あ・C　④い・A　⑤い・B　⑥い・C　　⑦う・A　⑧う・B　⑨う・C

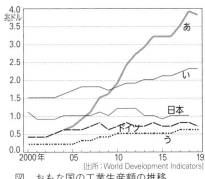

図　おもな国の工業生産額の推移
[出所：World Development Indicators]

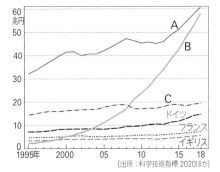

図　おもな国の研究開発費の推移
[出所：科学技術指標 2020ほか]

Challenge 中国の国内の経済格差について，次の問いに答えよう。

(1) 教科書 p.81 図**5**「中国の行政区分別の1人当たり域内総生産」を参考に，16000ドル以上の行政区分を赤色で，13000〜16000ドルを黄色で，着色しよう。

(2) 中国の経済格差の地域的特徴とその要因を，まとめてみよう

地域的特徴）

要因）

1人当たり総生産
（2021年）
赤 16000ドル以上
黄 13000〜16000ドル

図　中国の行政区分別の1人当たり域内総生産

2章

2節

産業の発展と生活文化

📖 Basic

⑥東南アジアの工業化はどのように進んでいるか？

　a. メイドイン東南アジア
　　・東南アジア諸国の輸出品：植民地時代の (①＿＿＿＿＿＿＿＿＿＿) の影響により
　　　　　　　　　　　　　　天然ゴム，米など (②＿＿＿＿＿) の割合が高かった
　　　→上記輸出品に頼る産業構造から脱却するために，各国で工業化

　b. 工業化の進展
　　・東南アジア諸国でいち早く工業化を進めたシンガポール… (③＿＿＿＿＿) で発展
　　・シンガポール以外の国：輸入工業製品の国内生産を行う (④＿＿＿＿＿) の工業
　　　　　　　　　　　　　化が進まない←限定的な規模の国内市場，不十分な技術力
　　　→外国企業誘致・輸出向け工業製品生産の (⑤＿＿＿＿＿) の工業へ
　　・シンガポールに続く工業化…タイ，(⑥＿＿＿＿＿＿) 政策のマレーシア

　c. 工業化推進のための政策
　　・賃金の安い東南アジア諸国への工場進出← (⑦＿＿＿) 経済が発展し賃金が上昇
　　・外国企業の受け入れ態勢：(⑧＿＿＿＿＿) を設けての優遇措置
　　・戦後，内戦や政情不安が続いていた (⑨＿＿＿＿＿)，ラオス，カンボジア
　　　→安定的な成長を始めて工業化が加速

　d. ASEAN としての進展
　　・東南アジアや周辺諸国による自動車生産
　　・部品製造は各国が分担，最終組立は各国で行う (⑩＿＿＿＿＿) が進む
　　・原料・部品の調達先，組み立て地… (⑪＿＿＿＿＿) による判断・生産活動
　　・ASEAN 経済共同体 (⑫＿＿＿＿) 発足：国際競争力向上・外国資本導入のため

⑦タイ，ベトナムの工業化はどう進んでいるか？

　a. 2 国の工業化の進展は？
　　・輸出品目：タイは機械類・(⑬＿＿＿＿)，ベトナムは軽工業品 (衣類・履物など)

　b. タイの工業化と人々の生活
　　・1960 年代に輸入代替型の工業化，1970 年代に輸出指向型の工業へ切り替え
　　・バンコク：都市化が進み，(⑭＿＿＿＿＿) へと成長。世界有数の交通渋滞都市

　c. ベトナムの工業化と人々の生活
　　・(⑮＿＿＿＿＿) 政策…市場経済導入，機械類や衣類などの加工・組立工場進出
　　　　　　　農業の生産向上：米や (⑯＿＿＿＿＿) は世界上位の輸出量

　d. 工業化の差と地域協力
　　・1 人当たり GDP が増加し，都市化が進む…工業化・経済状況は国ごとに違う
　　　┌・タイでは (⑰＿＿＿＿＿) など最新鋭の技術を導入
　　　└・ベトナムでは強みである安価な労働力で外国企業を誘致

Words　一次産品　完全自動化　国際分業　コーヒー豆　自動車　大都市圏　多国籍企業　中国
ドイモイ　中継貿易　ベトナム　モノカルチャー経済　輸出加工区　輸出指向型
輸入代替型　ルックイースト　AEC

Work & Challenge

Work1 教科書 p.82 図**1**の東南アジアでつくられ日本に輸入された製品と，輸入の国別割合の円グラフをみながら，下の円グラフの東南アジアの国を**赤色**で着色しよう。

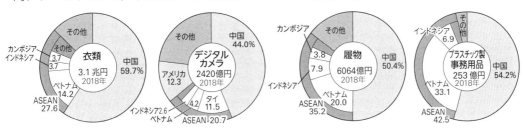

図　日本への輸入品の輸入相手国の割合

Work2 タイとベトナムの工業化について，以下の問いに答えよう。

(1) 次のタイとベトナムの輸出品について，品目別に次の色で着色しよう。

　　　一次産品：食料品 (**黄色**)，　原材料・燃料 (**オレンジ色**)

　　　工業製品：軽工業品 (**水色**)，重工業品 (機械類や自動車) (**青色**)

タイ
1995年　566億ドル

機械類 31.0%	衣類 8.9	魚介類 7.9	天然ゴム 4.4	その他

2019年　2455億ドル

機械類 29.1%	自動車 11.2		野菜と果実2.8	その他

プラスチック3.9　┘　└金(非貨幣用)3.4

ベトナム
1995年　　　52億ドル

原油 19.7%	手工業品 19.6	軽工業品	魚介類 11.9	コーヒー豆 10.9	米 9.5	その他

2019年　2642億ドル　　　繊維と織物 3.4　┌家具3.4

機械類 41.7%	衣類 11.7	履物 7.2			その他

(2) 次の図は，教科書 p.84 図**4**のタイとベトナムの産業別人口構成の推移と，1995 年と2018 年の 1 人当たり GDP を示したものである。上図の輸出品の変化とともに，両国の産業発展の状況をまとめよう。

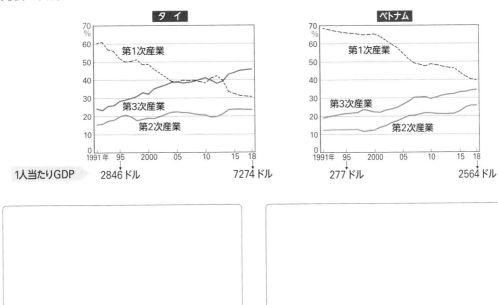

3節 ① 世界の言語

📖 Basic

①世界にはどのような言語があるのだろうか?

a. 世界で話されている言語

・(①_____)…意思を伝え合う手段で,意思疎通や文化の継承に使われる

→地域の生活文化の最も基本的な構成要素

b. さまざまな言語とその広がり

世界では,英語やスペイン語など,国をこえて広く使われている言語がある

・(②_____)…その国で公式に使われる言語で,国によっては複数の言語を使用

・(③_____)…子供の頃から親などが話すのを聞いて最初に身についた言語

・複数の母語や言語が使われている場合

→世界で広く使われている言語が (④_____) になっている国もある

・植民地時代の (⑤_____) の言語が公用語になっている国が多い

(例) アフリカ:英語や (⑥_____)

南アメリカ:(⑦_____) やポルトガル語

・(⑧_____):国内と,国外にいる華人・華僑に限定

→人口大国であるため,使う人口が圧倒的に多い

c. 英語を公用語とする国々

・現在,世界では (⑨_____) が広く使われている

→英語を公用語とする国には,イギリスの (⑩_____) だった国が多い

・19世紀の大英帝国時代のイギリスは,アフリカやアジア,オセアニアを植民地化

(例) インド

・公用語は (⑪_____)

・そのほかにも多くの言語が母語として使われている

・イギリスから独立時に英語を (⑫_____) に指定

↓国中で通じる言葉

・国際的なビジネスの場で重要な役割を果たし,インドの発展に貢献

d. 複数の公用語をもつ国

・(⑬_____)…4言語を公用語に指定

→中央部:(⑭_____),西部:フランス語,南部:イタリア語が多い

この3言語に山間部の (⑮_____) を加えた4言語

↓ 言語人口が少なく方言が多いため,存続が難しい

方言を統一した新しい共通語をつくり保護している

→地方の若者自体が流出しており,次世代に伝えることが課題

・(⑯_____)…衰退する少数言語や方言の調査を実施

→約2500の言語を (⑰_____) に指定…維持と復興をめざす

Words 英語 共通語 言語 公用語 準公用語 消滅危機言語 植民地 スイス スペイン語
宗主国 中国語 ドイツ語 ヒンディー語 フランス語 母語 ユネスコ ロマンシュ語

Work　教科書 p.90 図**3**を参考にして，次の問いに答えよう。

(1)　図中の A の言語を**赤色**，フランス語を**青色**で着色しよう。
（斜線部の着色は省略）

A		語
B		語
C		語

(2)　図中の A・B・C に当てはまる言語を記入しよう。

赤 A語
B語
青 フランス語
ロシア語
C語
中国語
その他

(国・地域による区分)　　　(公用語および事実上の公用語として用いられている言語)

(3)　次の表は，世界の言語別人口の上位国を示している。上の図で言語の広がりを確認しながら，
各言語を使用している国が，どこに多いのか記入しよう。

順位	言語	人口 (2018 年)	使用地域
1	中国語	13.0 億人	
2	スペイン語	4.4 億人	
3	英語	3.8 億人	
4	アラビア語	3.2 億人	

Challenge　世界の約 2500 の言語が，ユネスコの消滅危機言語に指定されている。日本でも，
アイヌ語や奄美語など八つの言語が指定され，地方特有の方言にも次の世代に引き継がれにくく
なっているものがみられる。少数言語や方言の保護について，考えてみよう。

(1)　標準語に統一された方が意思の疎通がスムーズに行えて便利という考え方もある。少数言語
や方言の保護について，あなたの考えを記入しよう。

(2)　話し言葉には「形」がないため，保護が難しい。維持や継承にはどのような方法が有効だろ
うか。

教科書：p.92-93

Basic

②宗教は暮らしとどのように結びついているか？

a. 世界に広がる宗教

・(①＿＿＿＿＿)…精神的な文化の一つで，世界中にみられる

宗教	特徴	分布
(②＿＿＿＿＿＿)	最も宗教人口が多い	ヨーロッパ，南北アメリカ，オセアニアに多い
(③＿＿＿＿＿)	宗教人口の2割以上	西アジアを中心に，中央アジア，アフリカ北部，マレーシア，(④＿＿＿＿＿＿＿)など
ヒンドゥー教	世界で3番目に多い	南アジア
(⑤＿＿＿＿)	日本にも広く分布	東アジアから東南アジア

・キリスト教，イスラーム，仏教は(⑥＿＿＿＿＿＿)とよばれる

→国や民族をこえて広がる宗教

b. 宗教の社会・生活への影響

・宗教は古くから人々の心の支えであり，日常生活に根づいたものになっている

例：イスラームのメッカへの(⑦＿＿＿＿)，キリスト教のクリスマスなど

・(⑧＿＿＿＿)…国家が保護し，国民が広く信仰している特定の宗教

→(⑧)を設定している国では，宗教の教えが政治にも大きな影響力をもつ

・(⑨＿＿＿＿)や寺院などの宗教施設は人々の暮らしの核になり地域社会を支える

c. 世界最大の民族宗教ヒンドゥー教

・(⑩＿＿＿＿＿＿)…特定の民族や地域と強く結びついた宗教

例：中国の孔子を始祖とする(⑪＿＿＿＿)，土俗的な多くの神をもつ道教など

・(⑫＿＿＿＿＿＿＿)…約10億人が信仰する世界最大の民族宗教

［インドやネパールに信者が多い
［インド古来の(⑬＿＿＿＿＿＿)に，仏教やインドの民族的な信仰を取り入れる

・(⑭＿＿＿)・(⑮＿＿＿)の概念

→(⑯＿＿＿＿)は不浄なので食べず，牛は神あるいは神の使いで神聖なものとされるため(⑰＿＿＿＿)も食べない

食事のときは(⑭)とされる右手を使い，(⑮)な左手は使わない

・(⑱＿＿＿＿＿＿)とよばれる階級制度に結びつき，インド社会を規定

→現在は，憲法でカーストによる差別を禁止

d. 日本人と宗教

・日本では，さまざまな宗教が人々の生活に浸透

・(⑲＿＿＿＿)…古来からの(⑳＿＿＿＿＿＿)や祖先信仰から生まれた

・日本人は異なる宗教に寛容で，多くの文化を受け入れている

Words　イスラーム　インドネシア　カースト　牛肉　教会　キリスト教　国教　自然崇拝
宗教　儒教　巡礼　浄　神道　世界宗教　バラモン教　ヒンドゥー教　不浄　豚肉
仏教　民族宗教

Work & Challenge

Work　教科書 p.92 図**1**の世界の宗教分布を参考にして，次の図のキリスト教カトリック，イスラーム スンナ派の地域を，下の凡例にしたがってそれぞれ着色しよう。

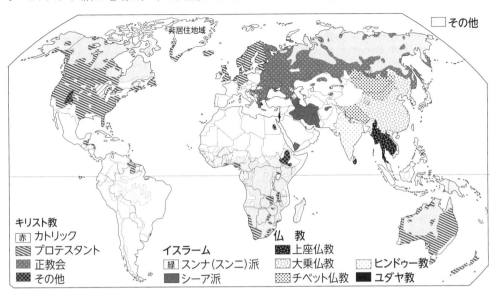

キリスト教
- 赤 カトリック
- プロテスタント
- 正教会
- その他

イスラーム
- 緑 スンナ（スンニ）派
- シーア派

仏　教
- 上座仏教
- 大乗仏教
- チベット仏教

- ヒンドゥー教
- ユダヤ教

その他

非居住地域

Challenge　次の世界のおもな宗教の人口と分布地域を示した表を，上の図を参考に，完成させよう。

宗教・宗派	人口 (2019年)	分布地域
イスラーム　スンナ派	16.9億人	（ d ）・北アフリカ・中央アジア・東南アジア・アフガニスタン
キリスト教　カトリック	12.4億人	南ヨーロッパ・ラテンアメリカ・アイルランド・（ e ）
A	10.6億人	インド・ネパール・インドネシア（バリ島）
B	5.9億人	西ヨーロッパ・北ヨーロッパ・北アメリカ
大乗仏教	3.9億人	中国・韓国・（ f ）
キリスト教　正教会	2.9億人	ロシア・ギリシャ・ブルガリア・ルーマニア
イスラーム　シーア派	1.9億人	（ g ）・バーレーン・イエメン・アゼルバイジャン
C	1.4億人	タイ・スリランカ・ミャンマー・カンボジア・ラオス

⑴　表中の A ～ C に当てはまる宗教名（宗派名）を答えよう。

A		B		C	

⑵　表中の d ～ g にはフィリピン，日本，西アジア，イランが当てはまる。それぞれを答えよう。

d		e	
f		g	

教科書：p.94-97

Basic

③仏教は生活にどのように根ざしているか？

a. 仏教の伝播と分布

・仏教は紀元前6世紀頃にインド北部の (① _____) 流域でおこり，各地に伝播

(② _____)	スリランカや東南アジア中心 (③ _____) を重んじ，修行によって悟りを開くことをめざす
(④ _____)	東アジア 一般民衆に開放し，多くの人々の救済をめざす

b. タイ／中国の仏教と生活とのかかわり

・タイでは上座仏教の信者が国民の大多数を占める

　…街では一般の信者が (⑤ _____) をする僧侶にほどこしをする光景もみられる

・中国では，(⑥ _____) や儒教の影響を受けながら仏教文化を形成

　…春節 (旧正月) に多くの参拝客が仏教寺院を訪れる

・(⑦ _____) …チベット独自に発展。聖地 (⑧ _____)，五体投地

c. 仏教と結びついた日本の文化

・日本には仏教と結びついた年中行事が多くみられる

　(例) (⑨ _____) …除夜の鐘，夏のお盆…先祖の魂を迎える

④どのような宗派がどのように暮らしているか？

a. キリスト教の宗派の分布

・キリスト教… (⑩ _____) を母体として生まれた世界宗教の一つ

　┌ (⑪ _____)：西欧の (⑫ _____系民族)，南米に多い
　│ (⑬ _____)：北欧の (⑭ _____系民族)，アメリカに多い
　└ (⑮ _____)：ロシアや東欧，バルカン諸国に多い

b. ヨーロッパ諸国の植民地化の影響

・キリスト教はローマ帝国の支配下で生まれ，4世紀初めにヨーロッパ各地に広がる

・11世紀にはカトリックと正教会の二つに分裂→正教会は東ヨーロッパへ

・16世紀の (⑯ _____) で，カトリックからプロテスタントが分裂

・(⑰ _____) の植民地化

　→カトリックは南アメリカへ，プロテスタントは北アメリカやオセアニアへ

c. キリスト教の生活とのかかわり

・ヨーロッパでは町の中心に教会があり，(⑱ _____) に礼拝に集まる

　(⑱) ┌ カトリック教会では (⑲ _____) とよばれる儀式を教父が指導
　　　 └ プロテスタントでは牧師と信者が同等の立場で礼拝を行う

・アメリカでは独特のリズム感で歌い上げる (⑳ _____) が取り入れられている

Words　安息日　大晦日　戒律　カトリック　ガンジス川　ゲルマン　ゴスペル　宗教改革　上座仏教　新大陸　正教会　大乗仏教　托鉢　チベット仏教　道教　プロテスタント　ミサ　ユダヤ教　ラサ　ラテン

Work & Challenge

Work　次の①〜③の教会の写真と，**ア〜ウ**の説明文は，キリスト教のカトリック，プロテスタント，正教会を示すものである。それぞれに当てはまるものを，①〜③および**ア〜ウ**から一つずつ選ぼう。

ア　ヨーロッパからラテン系民族の多い地域やブラジルなどのラテンアメリカに広がり，安息日にはミサとよばれる儀式が行われる。

イ　ロシアや東ヨーロッパ，バルカン諸国に信者が多い。11世紀にカトリックから分裂して，布教が進んだ。

ウ　宗教改革によってゲルマン系民族の多い北部ヨーロッパに広がった。個人の信仰を重視する信徒主導型となっている。

カトリック	写真	
	文章	
プロテスタント	写真	
	文章	
正教会	写真	
	文章	

Challenge　東南アジアの宗教について，下の問いに答えよう。

(1)　次の図は，東南アジアの宗教の分布と各国の宗教人口の割合を示している。①〜⑤は大乗仏教，上座仏教，キリスト教，イスラーム，ヒンドゥー教のいずれかである。各宗教名を記入しよう。

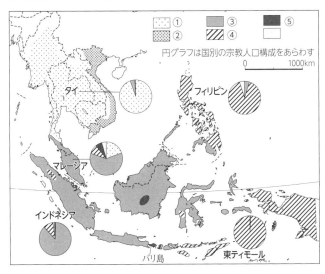

①	
②	
③	
④	
⑤	

(2)　教科書 p.94「仏教の伝播と分布」を読んで，上座仏教と大乗仏教の特徴をまとめてみよう。

上座仏教	
大乗仏教	

📖 Basic

⑤ムスリムはどのような暮らしをしているか?

a. ムスリムの1日を追ってみよう／イスラーム圏の分布

- ・(①＿＿＿＿＿＿) …イスラームを信仰している人々
  - 毎日5回の (②＿＿＿＿) …祈りの時間になると (③＿＿＿＿＿) へ行く
  - 聖地 (④＿＿＿＿＿) の方角に向かって行う
- ・北アフリカや西・中央アジアの乾燥地域に多い
- ・7世紀前半にアラビア半島で生まれ,北アフリカやイランに伝播
  - (⑤＿＿＿＿＿＿＿) などの交易路により,中央アジアに広がる
- ・その後,インド洋の海洋貿易を通してマレーシアやインドネシアへ拡大

b. イスラームの教え

特徴	・唯一神 (⑥＿＿＿＿＿) を信仰 ・(⑦＿＿＿＿＿＿＿) の行為や言葉の解釈の違いから二つの宗派に分かれる →(⑧＿＿＿＿＿=スンニ) 派と (⑨＿＿＿＿＿) 派 ・(⑩＿＿＿＿＿＿) の禁止
五つの義務 (五行)	①「ムスリムになる」という (⑪＿＿＿＿＿) ②毎日5回の祈りと金曜のモスクでの礼拝 ③貧しい人への寄付などの (⑫＿＿＿＿＿) ④ラマダーン1か月間,日の出〜日没まで飲食しない (⑬＿＿＿＿) ⑤一生に一度のメッカへの (⑭＿＿＿＿)

c. イスラームと生活のかかわり

- ・聖典 (⑮＿＿＿＿＿=クルアーン) によって日々の行動や生活全般を厳しく規定
  - →豚肉を食べないこと,食事のときは左手を使わないこと,飲酒の禁止など
- ・食べてよいものと食べてはいけないものを細かく規定
  - →食べることが許されている食べ物= (⑯＿＿＿＿＿＿＿)

⑥地域によって宗教の暮らしへの影響は異なるか?

a. 西アジアのムスリム

- ・(⑰＿＿＿＿＿＿＿) の多いサウジアラビアでは厳しい戒律を遵守
- ・イランではイスラームを国の統治原理の根幹におくイスラーム共和制
- ・(⑱＿＿＿＿＿＿) に恵まれ,経済的に豊かな国が多い
  - →油田から輸出港をつなぐ (⑲＿＿＿＿＿＿＿) の敷設
- ・石油依存の経済から脱却するために新しい産業の開発を推進

b. 中央アジア／東南アジアのムスリム

- ・中央アジアのムスリム:禁酒への意識は低い。民族信仰の影響から独特のデザイン
  - →厳しい (⑳＿＿＿＿) を求める動きもある
- ・東南アジアのムスリム:服装や生活習慣は一様でない

Words アッラー アラブ系民族 祈り 戒律 偶像崇拝 コーラン シーア 慈善活動 巡礼 シルクロード 信仰告白 スンナ 石油資源 断食 パイプライン ハラルフード ムスリム ムハンマド メッカ モスク

Work & Challenge

Work　イスラームでは，聖典コーランが人々の日常生活や行動の規範となっている。次のムスリムの生活をあらわす解説文①〜③の正しいものに〇を，誤っているものに×を記入しよう。

① 1日5回の礼拝
礼拝は1日5回，決められた場所で，決められた時間に，各人が好きな方向に向かって行われる。

② 女性の服装
ムスリムの女性のヴェールの色や形は，国や地域によってさまざまなスタイルがある。

③ ラマダーン
ラマダーンの1か月は，日の出から日の入りまで断食が行われる。日没後に食事をとる。

Challenge1　次の図は，西アジア・中央アジアのおもな油田と各国の1人当たりの国内総生産（GDP）を示している。

(1)　教科書 p.100 図**5**を参考にして，1人当たりの GDP が 10000 ドル以上の国を**赤色**で着色しよう。

(2)　教科書 p.100 を参考にして，石油依存の経済から脱却するために進められている事例をあげてみよう。

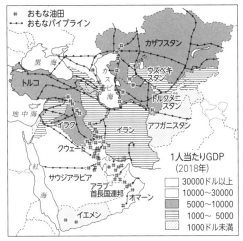

Challenge2　教科書 p.101「Topic」を読み，次の空欄①〜⑥に適する語句を入れよう。

　　パレスチナの中心都市エルサレムは，（ ① ）教，（ ② ）教，（ ③ ）に共通する聖地になっている。（ ② ）教にとってはイエス・キリストが十字架にかけられた地であり，（ ③ ）にとっては預言者ムハンマドが天国に旅立った地で，メッカ，メディナに次ぐ巡礼地でもある。エルサレムにある「嘆きの壁」には，多くの（ ① ）人が祈りをささげる姿がみられる。
　　1947 年の国連総会で，パレスチナを（ ① ）国家と（ ④ ）国家に分割することが決まりイスラエルが建国されると，世界各地に離散していた（ ① ）人が移住した。しかし，もともとの住民であったパレスチナ人や周辺の（ ④ ）諸国は，この建国を受け入れられなかった。（ ④ ）諸国とイスラエルの間で数次にわたる（ ⑤ ）戦争がおこり，多数のパレスチナ（ ⑥ ）が生まれた。

①		②		③	
④		⑤		⑥	

3節 ❼ 世界の多民族・多文化社会

📖 Basic

⑦多文化共生の社会は生まれるか？

a. 民族の多様性

- （①＿＿＿＿）…言語や宗教，（②＿＿＿＿＿）などの文化的特徴によって区分
  - →移民の場合，同じ集団に属しているという（③＿＿＿＿＿）も重要
    帰属意識は時代によって変化するため，民族を固定的にとらえられない
    - （④＿＿＿＿＿）…すべての国民が一つの民族に属する
    - （⑤＿＿＿＿＿）…複数の民族が混在し，共存している
  - →その中で，相対的に少数からなる民族を（⑥＿＿＿＿＿）という

b. 少数民族の暮らしと権利

- （⑦＿＿＿＿＿）…北極海沿岸の寒冷地に暮らす先住民族
- 氷の家（⑧＿＿＿＿＿）に居住し，魚や海獣を狩猟する伝統的な移動生活
- カナダの総人口に占めるイヌイットの割合：1％未満
  - →イヌイットの権利や文化の維持をはかる取り組み
  - → 1999年（⑨＿＿＿＿＿）設立，自治を認める
- イヌイットの（⑩＿＿＿＿）が進み，都市で生活する人々も増加

c. 移民と難民

- （⑪＿＿＿＿）…教育や労働機会を求め，生まれた国を離れ，ほかの国に移住
  - →移民先で同じ民族が集住，生活や宗教の継承
  - →送出国と受入国のつながりが強まる
- （⑫＿＿＿＿）…国内での紛争や民族の対立，政治的な意見を理由に迫害を受けるおそれがあるため，国を追われた人々
  - （⑬＿＿＿＿＿）では，多くの民族対立や内戦により難民の発生数が多い
  - 2011年からの（⑭＿＿＿＿＿）では周辺諸国やヨーロッパに難民が移動
  - 2022年のウクライナ紛争では多くの人々が国外へ避難

d. 多文化共生の社会に向けて

- 移民や難民の増加によって，世界は（⑮＿＿＿＿＿）に向かっている
- 日本では，労働力不足を補うために（⑯＿＿＿＿＿）を受け入れ
  - 留学生や（⑰＿＿＿＿＿）というかたち
  - 2020年には，約170万人まで増加
- 日本の受け入れが最も多いのは（⑱＿＿＿＿）から
  次いでベトナム，フィリピン，ブラジルと続き，中東からも増加
  - ↓　それでも労働力不足は解消されない
  今後，さらに外国人労働者は増加するとみられている
- （⑲＿＿＿＿＿）…お互いを尊重し平等に（⑳＿＿＿＿）する社会
  - →日本社会がどのように受け入れるかが課題

Words　アフリカ　イグルー　イヌイット　移民　外国人労働者　帰属意識　技能実習生　共生　少数民族　シリア内戦　生活様式　多文化社会　多民族国家　多民族社会　単一民族国家　中国　定住化　難民　ヌナブト準州　民族

Work & Challenge

Work1　p.103 図4を参考にして，次の図の空欄①〜⑦の紛争名を記入しよう。

図 世界のおもな紛争と難民

①	
②	
③	
④	
⑤	
⑥	
⑦	

Work2　次の図は日本における国籍別外国人労働者の推移を示したものである。図中の**ア〜ウ**に当てはまる国名を答えよう。

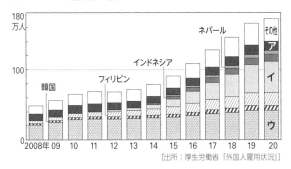

[出所：厚生労働省「外国人雇用状況」]

	国　名	外国人労働者の状況
ア		永住者・定住者の在留資格をもつ滞在者が多い。
イ		急速に増えている。特定技能・技術実習の資格保持者が多い。
ウ		技術・人文・国際業務などの分野の在留が多い。

Challenge　UNHCR（国連難民高等弁務官事務所）のウェブサイトを参考にして，世界の難民の発生状況について考えてみよう。

数字で見る難民情勢
（2022年）

(1) 2022年の統計では，難民は急激に増加しており，半数以上の出身国が，シリア，ウクライナ，アフガニスタンの3か国に集中している。このうちの国を一つ取り上げて，以下の項目を調べてみよう。

(https://www.unhcr.org/jp/global_trends_2022)

取り上げる国	
難民の流出先	
難民発生の背景・理由	

(2) 国際協力として，どのような機関が，どのように協力しているか，調べてみよう。

📖 Basic

❽ラテンアメリカにはどのような民族が暮らすか?

a. 多様な民族構成

ペルーやボリビア,メキシコなど	(①_____) が多い
アルゼンチンやウルグアイなど	(②_____) が多い
ジャマイカなどのカリブ海諸国	(③_____) が多い
チリやパラグアイなど	(④_____) が多い

・(⑤_____) …ヨーロッパ系の割合も混血の割合も高い

b. 植民地時代の歴史的背景

・15世紀末のコロンブスの西インド諸島到着後,スペインやポルトガルが進出

・16世紀半ばには,アフリカが加わり (⑥_____) へ発展

・カリブ海諸国やブラジル…さとうきび栽培の労働力として奴隷が連れてこられる
　　→その結果,先住民の (⑦_____) との混血が進む

・ブラジルは (⑧_____),ほかの国は (⑨_____) が公用語

c. 多様な生活文化とその背景／ラテンアメリカでの「共生」

・ペルー,ボリビアのなかでも (⑩_____) は標高が高く先住民が多い
　　→昼と夜の寒暖差を利用してつくるチューニョが日常食

・アルゼンチンには,ヨーロッパからの白人やその子孫が多い
　　→広大な (⑪_____) では家畜の放牧が盛ん…世界有数の牛肉生産国

・ジャマイカはイギリスの植民地で,公用語は英語,(⑫_____) の発祥地

・(⑬_____) …多様な文化をもつ人々が混ざり合い共存するようす

❾オーストラリアで多様な文化が共生するには?

a. オーストラリア国民の出身国

・国民の約3割が (⑭_____) で,多くの (⑮_____) が集まる国

b. 白豪主義から多文化主義へ

・ヨーロッパ人の植民以前に,オーストラリアにも先住民が居住
　　→イギリスによる植民が進む
　　→ (⑯_____):白人のみをオーストラリア国民とする人種差別政策

・1970年代に移民の (⑰_____) 条項を撤廃
　　→世界中から移民を受け入れ,多様な文化を認め合う (⑱_____) へ

c. 強まるアジアとの結びつき

・近年,オーストラリアとアジアの結びつきが強まっている

・貿易相手:(⑲_____) 中心→ 1970年代以降はアジアを重視

・(⑳_____ = APEC) を提唱…21の国・地域が参加

....

Words　アジア太平洋経済協力　アフリカ系　アンデス地方　イギリス　移民　インディオ
外国出身者　混血　三角貿易　人種差別　人種のるつぼ　スペイン語　先住民　多文化主義
白豪主義(はくごう)　パンパ　ブラジル　ポルトガル語　ヨーロッパ系　レゲエ

Work & Challenge

Work1 次の図は，ラテンアメリカの公用語と人種・民族構成を示したものである。

(1) 公用語がポルトガル語の国を**赤色**，英語の国を**青色**で着色しよう。

(2) 人種・民族構成の円グラフア〜エには，ヨーロッパ系，アフリカ系，先住民，混血のいずれかが当てはまる。各国の割合をもとに，**ア〜エ**に当てはまる適語を答えよう。

ア	
イ	
ウ	
エ	

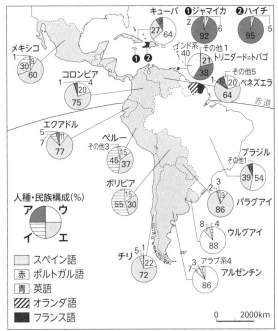

図 ラテンアメリカの公用語と人種・民族構成

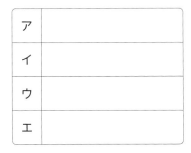

Work2 次の表は，オーストラリアのおもな輸出品目と輸出相手国の変化を示したものである。表中の**A・B**に当てはまる輸出品目，および**ア・イ・ウ**に当てはまる国名について考えてみよう。

年	輸出額 (ドル)	輸出品目 (%)	輸出相手国 (%)
1965年	29億	【A】29.3，小麦 13.8，肉類 10.1	【ア】19.5，【イ】16.6，アメリカ 10.0
1990年	387億	石炭 10.7，金 6.5，【A】6.0	【イ】25.1，アメリカ 12.2，ニュージーランド 5.5
2006年	1233億	石炭 14.2，【B】8.8，金 5.6	【イ】19.8，【ウ】12.5，韓国 7.5
2020年	2504億	【B】32.2，石炭 11.9，天然ガス 10.0	【ウ】40.8，【イ】12.4，韓国 6.5

表 オーストラリアの輸出品目と相手国の変化

品目	A	
	B	

相手国	ア	
	イ	
	ウ	

Challenge 教科書 p.107 を参考にして，オーストラリアではどのように多文化主義が実現されているか，まとめてみよう。

📖 Basic

①なぜ EU という地域統合が必要になったか？

a. 統合による生活の変化

・単一通貨 (① _____)：両替しなくても買い物ができる

・(② _____) 協定：国境での出入国審査を廃止

パスポート審査なしに，国境を自由に行き来できる

→通勤・通学，買い物，観光など，国境をこえた移動が日常的で，文化交流も拡大

…1985 年にフランスや西ドイツなど 5 か国が署名のうえ，始まる

b. ヨーロッパ統合の背景と経緯

・20 世紀の二度にわたる世界大戦…大きな人的・物的被害

→ヨーロッパを一つにする (③ _____) を模索

・戦争を繰り返さないため

・大戦後に経済大国として台頭した (④ _____) に対抗するため

・1967 年：6 か国で始まった地域統合… (⑤ _____ = EC)

・1993 年：欧州連合 (＝⑥ _____) に発展

・2000 年代：旧ソ連の社会主義体制下にあった (⑦ _____) 諸国が次々と加盟

→計 (⑧ _____) か国にまで拡大

・2020 年：国民投票を受けて (⑨ _____) が離脱

c. 多様なヨーロッパ

・言語をもとにした民族分布

[北西ヨーロッパ：(⑩ _____) 系
南ヨーロッパ：(⑪ _____) 系
東ヨーロッパ：(⑫ _____) 系

・宗教

ローマ帝国のもとで発展した (⑬ _____) 教…その思想と慣習が生活文化の根

底に流れる

→ヨーロッパ以外の地域にも広がり，世界宗教へ

・ローマ帝国の分裂

→ (⑭ _____)〈ラテン系〉と (⑮ _____)〈スラブ系〉に分かれる

→さらに宗教改革で (⑯ _____)〈ゲルマン系〉が分派

d. 一つにまとまるヨーロッパ

・関税の廃止と単一通貨ユーロの導入→ (⑰ _____) が不要に

→ヨーロッパ全体が一つの市場となり，(⑱ _____) が活発化

→経済成長により，(⑲ _____) ではアメリカに次ぐ経済圏へ

→国による (⑳ _____) の違いで，国境をこえた移動や交流が活発に

（物価の安い国への買い物，賃金の高い国への通勤など）

Words アメリカ 域内貿易 イギリス 欧州共同体 カトリック 為替レート キリスト 経済統合
ゲルマン シェンゲン スラブ 正教会 東欧 物価・賃金 プロテスタント ユーロ
ラテン EU GDP 28

Work & Challenge

Work1 教科書 p.113 図**6**を参考にして，ヨーロッパ各国の EU 加盟年をまとめた表の空欄に国名を記入しよう。

加盟年	加盟国名
原加盟国 (6 か国)	
1973 年 (3 か国)	(このうちの 1 国は 2020 年に離脱)
1981 年 (1 か国)	ギリシャ
1986 年 (2 か国)	ポルトガル，スペイン
1995 年 (3 か国)	オーストリア，スウェーデン，フィンランド
2004 年 (10 か国)	エストニア，チェコ，スロバキア，スロベニア，ハンガリー，ポーランド，マルタ，ラトビア，リトアニア，キプロス
2007 年 (2 か国)	ルーマニア，ブルガリア
2013 年 (1 か国)	

Work2 右の図はシェンゲン協定の加盟国を示している。

(1) EU 非加盟国でシェンゲン協定加盟国をあげよう。

	リヒテンシュタイン

(2) EU 加盟でシェンゲン非加盟の 4 か国をあげよう。

図　シェンゲン協定の加盟国

Challenge 教科書 p.113 図**7**と図**8**を参考にして，ヨーロッパの言語と宗教について整理してみよう。

(1) それぞれの系統の民族が使用している言語を，下の語群 a から選ぼう。

(2) それぞれの地域に分布するキリスト教の宗派の名称を，下の語群 b から選ぼう。また，宗派が分布している国を，下の語群 c から選ぼう。

言語	ゲルマン系民族	(　　　)語・(　　　　　)語・オランダ語・スウェーデン語など
	ラテン系民族	(　　　　　　)語・イタリア語・(　　　　　　)語など
	スラブ系民族	(　　　　　)語・(　　　　　　)語など
宗教(宗派)	(　　　　　　)	北部…(　　　　　　　)，イギリス，ノルウェーなど
	(　　　　　　)	南部…(　　　　　　)，フランス，ポーランドなど
	(　　　　　　)	東部…(　　　　　　)，ギリシャ，ロシアなど

【語群】　a. フランス　　ロシア　　英　　ドイツ　　ポーランド　　スペイン

　　　　　b. 正教会　　カトリック　　プロテスタント

　　　　　c. ウクライナ　　スウェーデン　　スペイン

📖 **Basic**

② EUとなり産業はどのように変化したか？

a. 国際分業への発展

・EU域内の流通が容易に→（①_____）が発達

（例）（②_____）で組み立てられる航空機…EU内各地で分散して部品を生産

（例）自動車…西ヨーロッパ，アメリカ，日本の企業による（③_____）への工場の進出←安価な労働力・新しい（④_____）を求めて

b. 中心地域の発達

・（⑤_____）：工業の中心地域。EU原加盟国にまたがる

・産業革命後〜19世紀…英国：（⑥_____），独・仏：（⑦_____）が発展

・1960年代以降…工業地帯は輸出入に便利な（⑧_____）に移動

・イタリア北部：皮革・服飾工業（高品質・高付加価値のブランド品）

・フランス南部：大学や空港を核に情報通信技術産業（＝⑨_____産業）が発展

c. 経済統合により進む適地適作

・地中海式農業：夏季には乾燥に耐えられるオリーブ，オレンジなどを栽培
　降雨のある冬季には（⑩_____）などを栽培

・移牧：アルプスでは夏季に牛などを高地牧場（＝⑪_____）に放牧

・（⑫_____）：ヨーロッパ中央部で穀物と牧畜を組み合わせた農業

・EU域内は課税なしの農産物流通。企業はより高い利益を追求→大規模化・専門化

d. EUの共通農業政策

・共通農業政策の目的：域内の食料供給や農家の所得の安定化
　…農産物の（⑬_____）を保証，安い輸入品に（⑭_____）

→生産過剰になり，2000年以降は農産物の質向上，環境重視，地域振興に力点

③ヨーロッパの統合によりどのような課題が生じたか？

a. 広がる経済格差

・1人当たり生産額をみると域内の経済格差は大きい（「ブルーバナナ」に企業が集中）

・EUからの補助金…東ヨーロッパで高速道路などの（⑮_____）建設

→自動車・機械などの工場進出（チェコ，ハンガリーなど），観光地化の進展

b. 単一通貨ユーロの課題

・国の財政難や物価上昇などにより，2010年から（⑯_____）がおきる

c. 移民労働者の増加／今後のEU

・高賃金を求めて越境する（⑰_____）労働者…賃金水準低下や若年失業率上昇も

・（⑱_____）の急増：中東やアフリカからEUへ

・2020年，（⑲_____）がEUを離脱…共通政策への反対

・（⑳_____）：国境を接する都市での地域間協力

Words アルプ　イギリス　移民　インフラ　課徴金　国際分業　小麦　混合農業　財政危機
最低価格　市場　製鉄業　繊維工業　難民　東ヨーロッパ　フランス　ブルーバナナ
ユーロリージョン　臨海部　ICT

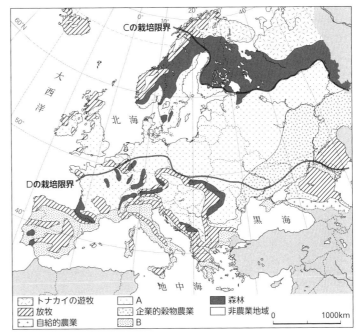Work & Challenge

Work1 教科書 p.115 図**6**を参考にして，右のヨーロッパの伝統的な農業地域区分について，凡例の**A・B**の農業地域と，栽培限界を示す**C・D**の作物名を答えよう。

A	
B	
C	
D	

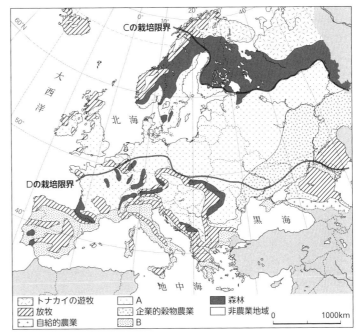

凡例:
- ⊠ トナカイの遊牧
- ⊘ 放牧
- ⊡ 自給的農業
- ▨ A
- ⊙ 企業的穀物農業
- ⊡ B
- ■ 森林
- □ 非農業地域

0 —— 1000km

Work2 EU統合によって，ブルーバナナとよばれる中心地域に企業が集中し，周辺地域との格差はさらに広がった。右の図の「ブルーバナナ」に含まれるEU加盟国をすべてあげよう。

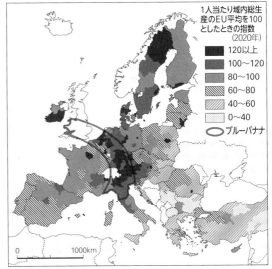

1人当たり域内総生産のEU平均を100としたときの指数 (2020年)
- ■ 120以上
- ■ 100〜120
- ▨ 80〜100
- ▨ 60〜80
- ▨ 40〜60
- ⊡ 0〜40
- ◯ ブルーバナナ

0 —— 1000km

図　EUと周辺諸国の地域別1人当たり域内総生産

Challenge 教科書 p.117 図**5**「EUへの国際移民と各国の外国人の割合」を参考にして，次の国への移民の出身国を，EU域内と域外に分けてあげよう (域内外合わせ最大上位6か国とする)。

	EU 域内から	EU 域外から
ドイツ		
イギリス		
スペイン		

※2017年統計のためイギリスはEU域内とする。

4節 ④ グローバル化による成長と課題①

📖 Basic

教科書:p.118-119

④アメリカの多様性はどのようにして生まれたか？

a. アメリカ建国の精神

- ・ニューヨークのリバティ島に立つ (①＿＿＿＿＿＿＿) 像
  - →自由と民主主義の象徴…(②＿＿＿＿) にとっては一攫千金・希望の象徴
- ・身分や階級に縛られたヨーロッパ (当時) との違い，制約がなく自由
  - …すべての機会は均等：志 さえあれば勤勉・努力で成功につながる
    - →(③＿＿＿＿＿＿＿＿＿) を実現した政治家・起業家の存在

b. 西部への拡大と人々の多様化

- ・アメリカの独立：(④＿＿＿＿＿＿) 州から始まる
  - →移民増加で (⑤＿＿＿＿) への開拓進行
- 中央部の大平原…(⑥＿＿＿＿＿＿) から購入
- 西部の山岳地帯…(⑦＿＿＿＿＿＿) から割譲・購入
  - →大西洋から太平洋にいたる広大な領土を獲得
- ・独立当初からアメリカの政治・経済を担っていたのは (⑧＿＿＿＿＿) 系の移民
  - …(⑨＿＿＿＿)：白人 (White)・アングロサクソン系 (Anglo-Saxon)
    - ・プロテスタント信者 (Protestant)
- ・19 世紀に入りヨーロッパで飢饉や戦争がおこるたびに移民が流入
  - …(⑩＿＿＿＿＿＿) やドイツ，イタリアなどからの移民
- ・19 世紀後半の (⑪＿＿＿＿＿＿＿)
  - …ヨーロッパのほかにも (⑫＿＿＿＿＿＿＿) から移民が殺到

c. 民族のサラダボウル

- ・南東部：(⑬＿＿＿＿＿) 系の人々
  - …17 ～ 19 世紀にかけて，強制的に連れてこられた奴隷
- ・南西部：(⑭＿＿＿＿＿＿)
  - …20 世紀以降労働力として流入
- ・(⑮＿＿＿＿＿) との国境に近い中西部や北部：ヨーロッパ系がほとんど
- ・(⑯＿＿＿＿)：20 世紀以降，中国や日本などアジアからの移民が流入
- ・追いやられた先住民の (⑰＿＿＿＿＿＿＿＿＿) は西部に多い
- ・民族の (「⑱＿＿＿＿＿＿＿」)：多種多様な民族が混在しながらも，それぞれが
  独自性を保ちながら暮らしている

d. 現代の移民と社会の変容

- ・メキシコをはじめとするラテンアメリカ諸国からは，不法も含めて現在も多くの人々
  が国境をこえて流入
- ・2060 年には，(⑲＿＿＿＿＿＿＿＿＝ 社会少数派) とよばれている人々の数が増加
  - →ヨーロッパ系の人々の割合が (⑳＿＿＿) 割近くまで減少すると予測

Words アイルランド　アフリカ　アメリカインディアン　アメリカンドリーム　イギリス　移民
カナダ　ゴールドラッシュ　サラダボウル　自由の女神　西部　東部13　西海岸
ヒスパニック　フランス　マイノリティ　メキシコ　ラテンアメリカ　WASP　4

54

Work & Challenge

Work アメリカへの移民について，次の問いに答えよう。

(1) 教科書 p.119 図**5**「アメリカへの移民の推移」を参考にして，右のグラフを凡例にしたがって着色しよう。

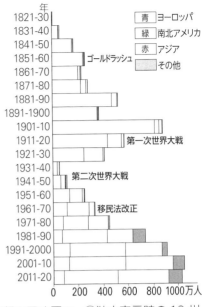

(2) 地図帳などを参考にして，次のアメリカ国土の拡大過程を示す図で，①独立宣言時の13州，②フランスから購入，③スペインから購入，④メキシコと協定で獲得（1848年）について，凡例の色にしたがってそれぞれ着色しよう。

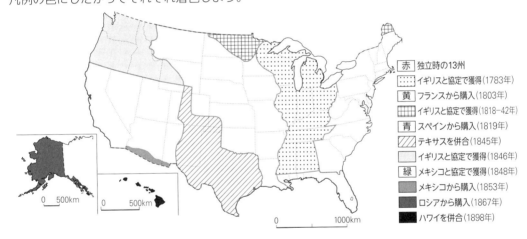

Challenge 教科書 p.119 図**6**「アメリカの人種・民族構成の地域差」をみて，アフリカ系とヒスパニックの割合の高い州をあげ，その地域に多い理由を教科書 p.119 本文を参考に記入しよう。

アフリカ系 25%以上	州名	
	理由	
ヒスパニック系 15%以上	州名	
	理由	

2章

4節

グローバル化の進展と生活文化

55

56 グローバル化による成長と課題②・③

📖 Basic

⑤アメリカはどのように産業をリードしているか?

a. 農業大国アメリカ

- ・中緯度帯のアメリカ本土:温暖かつ適度な (① _____) のある地域が多い
- ・起伏(きふく)の少ない平原:(② _____) とよばれる肥沃(ひよく)な土壌(どじょう)が広がる
- ・年降水量 500mm 未満の西部の乾燥地:放牧／500mm 前後:(③ _____) 栽培
  - →(④ _____)…自然環境に適した作物や家畜を育てる

b. アグリビジネスの世界展開

- ・合理的経営:適地適作+大規模化, 機械化…高い (⑤ _____) 生産性
- ・(⑥ _____):世界中で活動する (⑦ _____) である巨大穀物商社
  - …食品加工, 外食産業, 物流などを行う (⑧ _____) を展開

c. 世界をリードした工業化

- ・エネルギー資源 (石炭, 石油, 天然ガスなど), 鉄鉱石や銅鉱:世界有数の生産量
- ・(⑨ _____) 革命:エネルギー事情の変化
- ・工業発展 (「⑩ _____ 」) =豊富な鉱産資源+大量の移民の労働力
- ・二度の世界大戦…戦争特需による増産, ヨーロッパ移民の技術・資本流入

d. 重工業の衰退と先端技術産業の発展

- ・かつて工業の中心であった北部の衰退:(⑪ _____) と命名された
- ・60 年代以降の中心:北緯 37 度線以南とカリフォルニア州の (⑫ _____)
  - →製造業比率低下, 情報・知識・サービスなど新たな付加価値を生む産業の成長

⑥グローバル化によりアメリカはどう変化しているか?

a. 世界に広がるアメリカの影響力

- ・ハリウッド映画, テーマパーク, プロスポーツ, インターネットやスマホ
- ・ドル:世界経済の基軸になる (⑬ _____)

b. グローバル企業の経営モデル

- ・国境をこえた自由な経済活動…世界の資源・市場を背景に成り立つ
- ・(⑭ _____) の構築:世界規模で生産から販売まで行う
- ・本社はアメリカ (企画・開発・販売の統括), 生産は他国の企業に委託
- ・アメリカの巨大 IT 企業 4 社 (⑮ _____)…ビッグデータ解析で巨大な利益

c. グローバル化による国内の変化／今後の課題

- ・(⑯ _____) の雇用…賃金相場の下落で地域社会はきびしい状況に
- ・高所得者や社会的地位が似た人々… (⑰ _____) の形成
- ・(⑱ _____) の割合増…知的財産の使用料などでサービス収支は黒字
  - ↔消費大国ゆえ輸入増加+製造業不振で (⑲ _____) は拡大
- ・自国の産業を守る (⑳ _____) の動きもみられる←自国ファーストの動き

・・・

Words　アグリビジネス　移民労働者　技術貿易　ゲーテッドコミュニティ　降水　国際通貨
穀物メジャー　小麦　サプライチェーン　サンベルト　シェール　世界の工場　多国籍企業
適地適作　プレーリー　フロストベルト　貿易赤字　保護貿易　労働　GAFA(ガーファ)

Work & Challenge

Work　p.121 図**5**を参考にして，次の農業地域図の凡例の空欄①〜⑥に適語を入れよう。

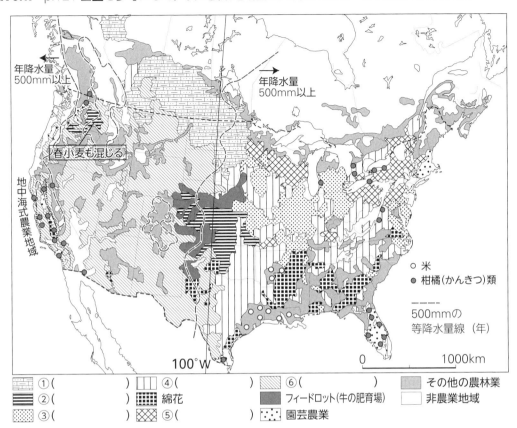

凡例：

①( )	④( )	⑥( )
②( )	綿花	フィードロット(牛の肥育場)
③( )	⑤( )	園芸農業

その他の農林業
非農業地域

Challenge　p.121 図**6**や本文を参考にして，アメリカの工業地域について問いに答えよう。

(1)　次の図中の空欄①〜⑩に適語を入れよう。

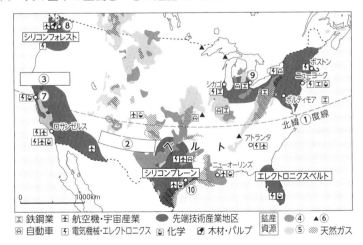

①	北緯　　　　　　度線
②	ベルト
③	
④	
⑤	
⑥	
⑦	
⑧	
⑨	
⑩	

凡例：🏭 鉄鋼業　✈ 航空機・宇宙産業　■ 先端技術産業地区　鉱産資源 ●④ ▲⑥
🚗 自動車　⚡ 電気機械・エレクトロニクス　化学　🌲 木材・パルプ　⑤　天然ガス

(2)　サンベルトで発達している産業をあげよう。

❶ 世界の人口問題／地理のスキルアップ⑨

📖 Basic

①増え続ける人口，どのような課題があるか？

a. 増え続ける世界の人口

・世界の人口は（① ＿＿＿＿＿＿）の頃から増加し始めた

1800年	1950年	2000年	2022年
9.8億人	（② ＿＿＿＿＿億人）	（③ ＿＿＿＿＿億人）	79.6億人

・1950年以降，（④ ＿＿＿＿＿＿）とよばれる急激な増加がつづく

b. どのように増加するか

・（⑤ ＿＿＿＿＿＿）：出生率が死亡率よりも高い状態で人口が増加すること

・（⑥ ＿＿＿＿＿＿）：移民や難民など国境をこえた移動により人口が増加すること

・（⑦ ＿＿＿＿＿＿）…時代の変化によって人口の増減がおこる推移のこと

```
┌ 多産多死型…出生率も死亡率もどちらも高い（＝人口はあまり増減しない）
│      ↓医療が進歩し，衛生状況が改善される
│   （⑧ ＿＿＿＿＿型）…出生率が高く死亡率が低くなる（＝人口は増加する）
│      ↓経済水準が上がる
│   （⑨ ＿＿＿＿＿型）…出生率も死亡率も低い（＝人口はあまり増減しない）
└      →さらに出生率が下がると，人口減少社会となる
```

c. 人口をめぐる問題とは

・（⑩ ＿＿＿＿＿＿＿）：1人の女性が一生の間に産む子供の数

　　→人口維持のために必要な合計特殊出生率（＝⑪ ＿＿＿＿＿＿＿）は一般的に

　　（⑫ ＿＿＿＿＿）とされ，これを下回ると人口は減少する

・発展途上国における人口転換の様相

　・（⑬ ＿＿＿＿＿＿＿）が高く，平均寿命が短い

　　　↳生まれた子供が（⑭ ＿＿＿＿）歳までに死亡する確率

　　→背景：子供が家事や仕事における貴重な（⑮ ＿＿＿＿＿＿）のため多産の傾向

　　　　　　衛生環境や食料事情が悪く，乳幼児の段階で死亡してしまう

　・現在：医療技術の進歩や栄養状態が改善→死亡率が低下し，人口が増加

　　　→影響：人口過剰により（⑯ ＿＿＿＿）や食料が不足

　　　　　　　電気やガス，住宅などの供給が困難

　　　　　　　社会保障がいきとどかず，不安定な職により貧困へとおちいる

・先進国における人口転換の様相

　・出生率も死亡率も低くなり，（⑰ ＿＿＿＿＿＿＿）が進展

　　　→背景：女性の（⑱ ＿＿＿＿＿＿）や家族観の変化

　　　　　　　ライフスタイルの変化による（⑲ ＿＿＿＿＿＿）や非婚化

　・少子高齢化の影響：（⑳ ＿＿＿＿＿＿）の縮小や労働力不足

　　　　　　　　　　　→社会保障制度や財政の維持が困難になる

Words 経済規模　合計特殊出生率　産業革命　自然増加　社会進出　社会増加　少産少死　少子高齢化　人口置換水準　人口転換　人口爆発　多産少死　乳幼児死亡率　晩婚化　水　労働力　2.1　5　25.4　61.4

Work & Challenge

Work 次の3か国の人口ピラミッドの高齢者人口を**青色**に，年少人口を**赤色**に着色しよう。教科書 p.129を参考にして，人口ピラミッドの3タイプの特徴をまとめてみよう。

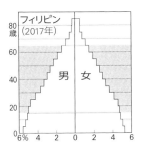 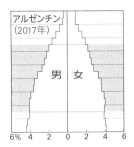 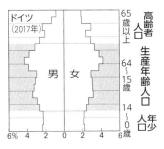

	富士山（ピラミッド）型	釣り鐘（ベル）型	つぼ型
出生率	高い ・ 低い	高い ・ 低い	高い ・ 低い
死亡率	高い ・ 低い	高い ・ 低い	高い ・ 低い
人口動態の型	（　）産（　）死型 →（　）産（　）死型	（　）産（　）死型	（　）産（　）死型
人口の増減	（　　　　）的に増える	人口は（　　　　）	人口（　　　　）に向かう
代表的な国			

Challenge 世界全体の人口ピラミッドから，人口の変化を考えてみよう。

(1) 右の世界の男女別・年齢別人口構成の統計から，2020年の人口ピラミッドを完成させよう。

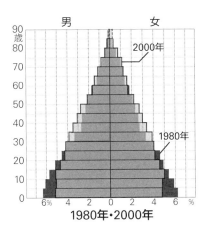 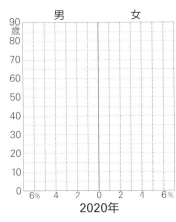

	2020年	
（%）	男	女
85歳以上	0.3	0.4
80〜84	0.4	0.6
75〜79	0.7	0.9
70〜74	1.1	1.3
65〜69	1.7	1.8
60〜64	2.0	2.1
55〜59	2.5	2.5
50〜54	2.9	2.9
45〜49	3.1	3.1
40〜44	3.2	3.1
35〜39	3.5	3.4
30〜34	4.0	3.8
25〜29	3.9	3.7
20〜24	4.0	3.7
15〜19	4.1	3.8
10〜14	4.3	4.0
5〜9	4.4	4.1
0〜4	4.5	4.2
計	50.4	49.6

(2) 作成した2020年のピラミッドと，1980年・2000年の人口ピラミッドを比較しよう。

① それぞれ何型のピラミッドだろうか。

1980年	型	2000年	型	2020年	型

② 今後，世界の人口ピラミッドはどのように変化していくと推測されるだろうか。

📖 Basic

②人口大国，中国とインドの将来は？

a. 人口大国　中国とインド

・かつての考え：人口が多いことが (① _____) の増加につながる

→急激な人口増加は発展を妨げるとして両国とも (② _____) を実施

b. 中国の一人っ子政策とその後

・1979 年から (③ _____) を実施…1夫婦に子供1人

・戸籍をもたない (④ _____) の増加，男女比の偏りによる結婚難

・人口抑制成功→極端な少子化による (⑤ _____) の減少と急速な高齢化

→政策の見直し

c. インドの人口増加と格差

・1950 年代から人口抑制政策…子供の数の制限，強制的な不妊手術→国民の反発

・理由：第一次産業が中心→子供が貴重な (⑥ _____) であるという考え

伝統的に女性の地位が低い→ (⑦ _____) への理解が得にくい

・合計特殊出生率の高い地域…女性の (⑧ _____) や1人当たり総生産が低い

→状況の改善のために：(⑨ _____ / ライツ) の確立

女性の (⑩ _____) 向上に向けた努力

③スウェーデンと日本，少子高齢化への対策は？

a. 少子高齢化が進む先進国

・出生率の低下：(⑪ _____) が 2.1 を下回っている→人口の停滞・減少

・(⑫ _____) 率：総人口に占める 65 歳以上人口の割合の増加

→7％をこえると (⑬ _____)，14％をこえると (⑭ _____)

b. スウェーデンの社会保障

・高福祉・(⑮ _____) の考え方→国の負担軽減のため民間への介護サービスの委託

・労働力不足を補うため→ (⑯ _____) の受け入れを進めている

c. 急速に進む日本の人口減少と高齢化

・2010 年代以降 (⑰ _____) に転じ，同時に少子高齢化も進行

・少子化の影響：生産年齢人口の割合が大きく減少

・高齢化の影響：年々 (⑱ _____) の増大→現役世代の負担増

・日本の少子化の要因

・教育への財政支出や働きながら子育てをする環境の整備が不十分

・若者の (⑲ _____) の増加→不安定な生活による未婚者の割合が増加

・今後の日本：合計特殊出生率の大きな回復は見こまれていない

・少子化への対策：全国どこでも安心して出産できる支援体制の拡充

・労働力不足への対策：(⑳ _____) の受け入れ条件の緩和

Words　移民　外国人労働者　家族計画　教育水準　合計特殊出生率　高負担　高齢化　高齢化社会
高齢社会　国力　識字率　社会保障給付費　人口減少　人口抑制政策　生産年齢人口
非正規雇用　一人っ子政策　黒孩子　リプロダクティブヘルス　労働力

Work & Challenge

Work 右の図は，世界の地域別人口の推移を示している。図中のA～Dの地域を下の語群から選ぼう。

語群：アジア　ヨーロッパ
　　　アフリカ　ラテンアメリカ

A	
B	
C	
D	

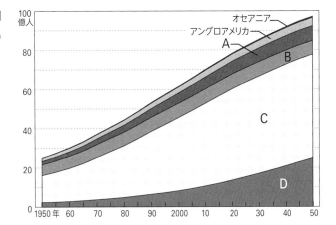

Challenge 日本の少子高齢化について，グラフや図から考えてみよう。

(1) 教科書 p.133 図**7**を参考にして，右の図の合計特殊出生率が1.6以上の都道府県を**赤色**に，1.3未満の都道府県を**青色**に着色しよう。

(2) 合計特殊出生率が低い地域には，どのような地域的な傾向があるだろうか。

合計特殊出生率(2020年)
赤	1.6以上
	1.5～1.6
	1.4～1.5
	1.3～1.4
青	1.3未満

0　200km

[出所：人口動態統計 2021]

(3) 右図の合計特殊出生率の推移をみると，ほかの国に比べ，日本は低迷していることがわかる。子供を産み，育てやすい社会の実現には，どのような環境整備が必要だろう。教科書 p.132, 133を参考にして考えてみよう。

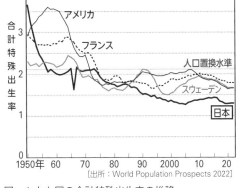

[出所：World Population Prospects 2022]

図　おもな国の合計特殊出生率の推移

❹ 世界の食料問題 ❺ 人口増加と食料問題

📖 Basic

④人口と食料の適正な関係とは？

a. 食料需給の地域的不均衡／栄養不足とその対策

・世界の人口…（①＿＿＿＿＿＿）とよばれるほどの急激な増加

　→食料生産に地域的な偏り（かたよ）があり，アフリカでは人口増加による食料不足が深刻

・栄養不足の要因

　[（②＿＿＿＿）…自然災害や紛争などが原因

　[（③＿＿＿＿）…農業生産性の低さや不公正な貿易など社会経済構造が原因

b. 食料自給率の低い国

・オーストラリア，アメリカ，フランス…穀物自給率が高く，余剰作物を輸出

・イタリア，スイス，日本…食料自給率は低いが，経済力があるため不足分を輸入

c. 日本の食生活の変化と課題

・日本の食料自給率…長期的に低下を続けている

　要因：食生活の（④＿＿＿＿＿）が進んだことで，（⑤＿＿＿＿）や肉類，牛や豚など

　　　　の家畜の飼料として（⑥＿＿＿＿＿＿＿）の輸入が増加

　　→（⑦＿＿＿＿＿＿＿）の観点から，今後は自給率を高める取り組みが必要

・日本の農業の課題

　[（⑧＿＿＿＿＿）などの EPA の進展による貿易自由化→外国産農産物との競合

　[農業従事者の高齢化や（⑨＿＿＿＿）不足の問題

⑤アフリカの食料問題を解決するには？

a. アフリカの食料不足／飢饉の発生と緊急の食料支援

・世界の（⑩＿＿＿＿＿＿＿）は約８億人…世界人口の９人に１人

　→そのうち約 30％は（⑪＿＿＿＿＿）以南のアフリカに集中

・アフリカで食料不足が起こる要因

　[世界的な気候変動の影響…特に半乾燥地域の（⑫＿＿＿＿＿）への影響が深刻

　[（⑬＿＿＿＿）や洪水（こうずい）による不作　など

　　→影響を受けやすい子供などの社会的弱者を救うために，（⑭＿＿＿＿＿＝国連世

　　　界食糧計画）などの国連機関が連携（れんけい）して緊急支援を実施

b. 商品作物に依存する経済

・アフリカの農業：植民地時代の（⑮＿＿＿＿＿＿＿＿）農業が続く

　・カカオやコーヒー，茶などの（⑯＿＿＿＿＿）の生産

　・単一作物の栽培に依存した（⑰＿＿＿＿＿＿＿）→経済的に不安定

c. 自給用作物の生産に向けて

・食料需要増加に対応するため，農業技術の普及やインフラ整備などで国際協力が必要

・日本の国際協力…JICA（ジャイカ）による（⑱＿＿＿＿＿）栽培の技術指導

Words　栄養不足人口　欧米化　干ばつ　飢餓（きが）　飢饉（ききん）　後継者　小麦　サハラ　サヘル　食料安全保障
商品作物　人口爆発　とうもろこし　ネリカ米　プランテーション　モノカルチャー
CPTPP 協定　WFP

Work & Challenge

Work 右の図は, 2018～20年の世界の栄養不足人口の状況をあらわしている (教科書 p.134 図 **2**)。

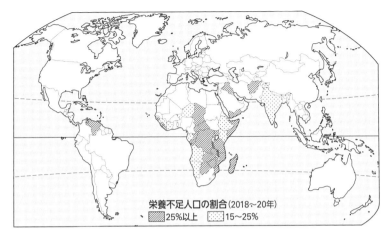

栄養不足人口の割合 (2018～20年)
- [斜線] 25%以上
- [点] 15～25%

(1) 以下の栄養不足が慢性的に発生している国々について, 白地図に赤色で着色しよう。

チャド, 中央アフリカ, コンゴ民主共和国, ザンビア, ジンバブエ, ソマリア, マダガスカル

(2) アフリカに栄養不足人口の割合の高い国が多い理由をあげてみよう。

Challenge 食品ロスをなくすためにできることについて考えてみよう。

事業系食品ロス54%
食品製造業21%
食品卸売業3%
食品ロス600万トン2018年
家庭系食品ロス46%
食品小売業11
外食産業19

生産から消費までの食品ロスの例

①農業生産
○ 豊作の年は, 生産調整のため農産物を廃棄
○ 規格外品の選別・除外

②収穫後の貯蔵
○ 保存技術や設備の不備

③加工
○ 商品切り替えや規格変更による廃棄
○ 流通から返品された商品
○ 自動選別・除外

④流通
○ 売れ残り
○ 外食店での食べ残し
○ 仕込み済み食材 (外食)

⑤消費
○ 家庭内での食べ残し
○ 買いすぎ, 消費・賞味期限切れなどの管理

(1) あなたが日常生活を送る中でどのようなことができるだろうか。

(2) 食品ロスをなくすために企業はどのような取り組みをしているか, 調べてみよう。

企業名：＿＿＿＿＿＿＿＿＿＿＿＿＿＿

2節 ① 世界の居住・都市問題

Basic

①なぜ都市に人口が集中するのか？

a. 都市の成立と広がり

・農業や漁業を中心とする（①＿＿＿＿＿）の成立

　→生産品の交換に便利な場所に市場が発達

　→商業や工業が発達して（②＿＿＿＿＿）が成立…都市化

　→都市の人口増加により都市域が拡大…（③＿＿＿＿＿＿）

　→交通網の発達により，新都心，副都心が生まれ（④＿＿＿＿＿＿）へと発展

b. 都市への人口集中

・都市に人口が集中する理由

　　病院や教育機関などの公共施設，商業施設が充実している

　　道路や鉄道，上下水道などの（⑤＿＿＿＿＿＿＝社会基盤）が整備されている

　　雇用が多く，選択できる（⑥＿＿＿＿＿）が多い

　　物価や地価は高いが，同時に（⑦＿＿＿＿＿）も高くなる

　　　→現在，世界の（⑧＿＿＿＿＿＿＿）は50％をこえている

Topic 都市への人口集中が起こる要因…農村と都市の経済格差

　　（⑨＿＿＿＿＿＿）型の人口移動…発展途上国に多い

　　　農村人口の増加→余剰人口が都市に押し出される

　　（⑩＿＿＿＿＿）型の人口移動

　　　商工業の発展で労働需要が増加→都市に農村人口が引き寄せられる

c. 都市で生じる問題

・急速な都市化…生活環境を悪化させる（⑪＿＿＿＿＿＿）が発生する

　　自動車の増加→（⑫＿＿＿＿＿＿）の発生

　　排ガスによる（⑬＿＿＿＿＿＿）の発生

・人口過剰(かじょう)の都市：よりよい居住環境を求めて（⑭＿＿＿＿＿＿）が郊外へ転居

　・都心より郊外の人口が多くなる（⑮＿＿＿＿＿）の発生

　・都心部に貧困層が取り残され治安(ちあん)が悪化→（⑯＿＿＿＿＿＿＿）問題の発生

　・郊外では住宅や工場が無秩序(むちつじょ)に建設される（⑰＿＿＿＿＿＿）化が進む

　　　→このような問題に対処するため，都市中心部の（⑱＿＿＿＿＿）を実施

　　　景観・環境に配慮した持続可能な街づくりを進めている街もある

d. 発展途上国の都市問題

・大都市では高層建築が建ち並ぶ一方，農村では開発が進まない…格差の拡大

・人々はより豊かな暮らしを求めて都市へ移動する

　　→都市には仕事がなく，（⑲＿＿＿＿＿＿＿＿＿＿）とよばれる社会的地位

　　の低い不安定な仕事につく…路上での物売りや靴磨きなど

・発展途上国には，生活環境の劣悪な（⑳＿＿＿＿＿）が広がる都市もみられる

Words インナーシティ　インフラ　インフォーマルセクター　空洞化　郊外化　交通渋滞　再開発
職業　スプロール　スラム　村落　大気汚染　中高所得者　賃金　都市　都市圏　都市人口率
都市問題　プッシュ　プル

✎Work & Challenge

Work 次の世界の大都市の分布図 (教科書 p.141 図❹) の人口 100 万以上の都市の分布のようすについて, 地域ごとに下の表に整理してみよう。

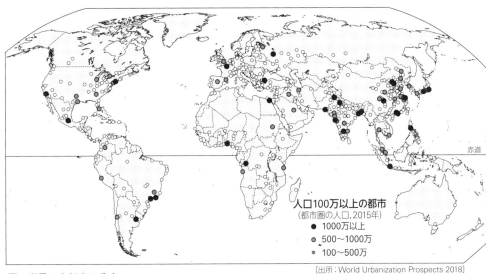

図　世界の大都市の分布

[出所：World Urbanization Prospects 2018]

アジア	
アフリカ	
ヨーロッパ	
アングロアメリカ	
ラテンアメリカ	
オセアニア	

Challenge 次の図は, 世界の地域別の都市人口率の推移をあらわしている。都市化の進展を解説した下の文章を参考にして, 下欄の地域名に該当するグラフ中の記号 A 〜 D を記入しよう。

　都市人口率は, 一般的に発展途上国で低い。産業の発達とともに, 農村人口が減り都市人口が増加して, 都市人口率は上昇する。ヨーロッパ, アングロアメリカでは早くから, 都市人口率が50 ％をこえていた。これに対し, ラテンアメリカは 1950 〜 90 年に急増, アジアやアフリカは 20 ％以下から上昇を続け, 現在 50 ％近くまで達している。オセアニアは乾燥地域や島嶼部などが多く, 都市の成立が限られることから, 都市人口率に大きな変化はみられない。

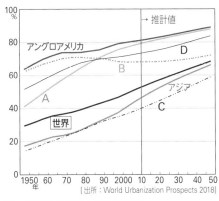

図　地域別の都市人口率の変化

アフリカ		ヨーロッパ		ラテンアメリカ		オセアニア	

3章

2節

居住・都市問題

65

② 大都市の地域性と課題 ③ 人口が密集する都市の課題

教科書：p.142-145

📖 Basic

②世界都市ロンドンとニューヨークの特徴と課題は？

a. ロンドン都心部の衰退と再開発

- 産業革命以降，人口が急増→（①＿＿＿＿＿＿）の悪化
- 中心部への集中を解消するため 1944 年に（②＿＿＿＿＿＿＿計画）を推進
  - →市街地周辺にグリーンベルトを設け，その外側に（③＿＿＿＿＿＿＿＿）を建設
- 1960 年代には都市中心部が荒廃し，（④＿＿＿＿＿）が広がる　例：ドックランズ
  - →大規模なウォーターフロントの開発，ほかの地区も（⑤＿＿＿＿＿＿）を実施

b. ニューヨーク都心部の再生

- 1950 年代以降，富裕層が都市中心部から郊外へ移住
  - →中心部に低所得者層が流入し街が荒廃する（⑥＿＿＿＿＿＿＿＿）問題が発生
    - ソーホー地区：繊維工場や倉庫→ギャラリー。（⑦＿＿＿＿＿＿）層の流入
    - ハーレム地区：低所得者層が居住→中心部へ通勤しやすいため再開発
  - →このような（⑧＿＿＿＿＿＿＿＿＿＿＿＿＿）とよばれる都市の再編が進展
    - ↳低所得者層が住む地区が再開発→居住環境が改善→中間・富裕層が流入

c. より暮らしやすい街へ

- ロンドン…交通渋滞や大気汚染解消のために（⑨＿＿＿＿＿＿＿＿＿＿＿）の推進
- ニューヨーク…街中に（⑩＿＿＿＿＿＿＿＝広場）を増設

③メキシコシティやジャカルタの都市問題の解決は？

a. メキシコシティの人口増加と大気汚染

- メキシコシティの人口：約 900 万人…（⑪＿＿＿＿＿＿）の人口は 2000 万人超
- 人口の増加→住宅不足や（⑫＿＿＿＿＿＿＿）が深刻
- 人口増加に伴って交通量や工場の増加→排ガスによる（⑬＿＿＿＿＿＿＿）が深刻化

b. 大気汚染の解消に向けて

- ハイブリッド車や（⑭＿＿＿＿＿＿＿＿）などの推奨
- 車両ナンバーと（⑮＿＿＿＿＿）の組み合わせによる交通規制の実施

c. ジャカルタの居住環境の変化

- ジャカルタの人口：約 1000 万人…都市圏人口は 3000 万人
- 首都への一極集中で首位都市（＝⑯＿＿＿＿＿＿＿＿＿＿＿＿）に…発展途上国に多い
  （要因）富裕層と貧困層の（⑰＿＿＿＿＿＿）が大きく，地方の人口が都市に流入
  - →就業機会が少なく，（⑱＿＿＿＿＿＿＿＿＿＿＿＿）の割合が高い
  - →上下水道や電気などの整備が不十分で（⑲＿＿＿＿＿＿）は劣悪

d. 居住環境の改善に向けて

- 生活環境改善のため（⑳＿＿＿＿＿＿＿プログラム）の実施，低所得者用住宅の整備
  - →仕事が不安定なため，賃料が払えずスラムに戻る人も

Words　インナーシティ　インフォーマルセクター　衛生状態　経済格差　高所得者　再開発
ジェントリフィケーション　住環境　スラム　スラム一掃　スラム化　大気汚染　大ロンドン
電気自動車　都市圏　ニュータウン　パークアンドライド　プライメイトシティ　プラザ　曜日

Work & Challenge

Work ロンドンの都市圏の広がりについて考えよう。

(1) 教科書 p.142 図**4**を参考にして，ロンドン周辺のニュータウンの名称を**赤色**で囲み，グリーンベルトを**緑色**で着色しよう。

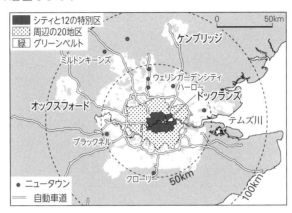

(2) グリーンベルトは，大ロンドン計画の際に都市の周辺に設けられたもので，広い区域が緑地帯として設定されている。どのような効果があるか考えよう。

Challenge p.144, 145 を参考にして，メキシコシティとジャカルタのスラムについて考えよう。

(1) 図**3**のメキシコシティ，図**5**のジャカルタの地図と，下の写真を参考にして，それぞれのスラムの分布の特徴をまとめよう。

①メキシコシティのスラム地区　　②ジャカルタのスラム地区

(2) スラムでの劣悪な居住環境の改善に向け，どのような対策が行われているだろうか。教科書の例も参考にして，調べよう。

📖 Basic

①エネルギー資源はどのように変わってきたか？

　a. エネルギー利用の移り変わり

　　石炭から石油，ガソリン車から電気自動車へ

　b. 資源・エネルギーとは

　　・資源 ┌ (① _____) 資源…金属や石油など地下から得られるもの
　　　　　 └ (② _____) 資源…機械などを動かす動力源や熱源

　　　　　→ ┌ (③ _____) エネルギー…化石燃料 (石炭，石油，天然ガス)
　　　　　　 └ (④ _____) エネルギー…水力，風力，地熱，太陽光など

　c. エネルギー資源の変化と世界の変容

　　┌ ・古い時代　　…水力，風力，畜力を動力源に，熱を得るために木材を利用
　　│ ・18世紀後半… (⑤ _____)：(⑥ _____) で蒸気機関を改良
　　│ ・19世紀　　…(⑦ _____)：内燃機関で動く自動車や航空機を開発
　　└ 　　→このようなエネルギー資源の転換を (⑧ _____) とよぶ

　d. エネルギー供給の地域差

　　・資源をもたない国は安定した確保のために，資源をもつ国との関係強化をはかる

②有限資源の石油の利用は今後どうなるか？

　a. 石油の利用と偏在

　　・埋蔵量，産出量ともに (⑨ _____) 諸国に多い

　　・石油は (⑩ _____) 以降から大量に使われている

　　　┌ (⑪ _____) 用の燃料
　　　│ 自動車や航空機の (⑫ _____)
　　　└ プラスチックや化学繊維の (⑬ _____)

　b. 石油資源の支配と変化

　　・中東・北アフリカの油田を (⑭ _____ =メジャー) が独占開発

　　・1960年代　(⑮ _____) がおこる

　　　→産油国は (⑯ _____ = OPEC) を結成

　　・1973年　第一次 (⑰ _____ =オイルショック) が生じ，世界経済に大打撃

　c. 限りある石油資源

　　・石油の (⑱ _____) は約50年

　　　→海底油田やシェールオイルの開発により，当分枯渇のおそれはないとされる

　d. 持続的な利用に向けて

　　・省エネルギー対策や (⑲ _____) の開発が進められている

　　・石油資源の枯渇や環境問題への対策

　　　→例：海底に眠る (⑳ _____) の開発

....

Words　エネルギー　エネルギー革命　可採年数　火力発電　原料　鉱産　枯渇性　国際石油資本
再生可能　産業革命　資源ナショナリズム　石炭　石油　石油危機　石油輸出国機構
代替エネルギー　第二次世界大戦　中東　動力　メタンハイドレート

✎Work & Challenge

Work 次の図1のエネルギー資源の可採年数と，図2の世界のエネルギー消費量の推移について，空欄A〜Fにあてはまるエネルギーの名称を語群から選び，記入しよう。

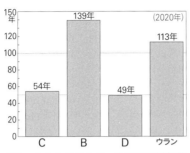

図1　おもなエネルギー資源の可採年数

語群：水力，石炭，原子力，天然ガス，バイオマス 石油 (原油)

図2　世界のエネルギー消費量とその内訳の推移
[出所：Smil(2017)，BP統計]

A		B		C	
D		E		F	

Challenge 次の図中の OPEC 加盟国について，地図帳を参考にして，国名を書き出そう。また，下の表から OPEC 以外で石油の産出が多い国をあげてみよう。

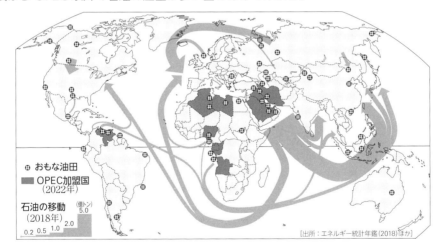

[出所：エネルギー統計年鑑(2018)ほか]

OPEC 加盟国（2022年，13か国）

OPEC 以外で産出量の多い国

国名	2016年	%
サウジアラビア	52 301	13.4
ロシア	52 172	13.4
アメリカ	43 805	11.2
イラク	22 034	5.6
中国	19 969	5.1
イラン	18 721	4.8
カナダ	15 805	4.1
アラブ首長国連邦	15 419	4.0
世界計	390 162	100.0

表　石油の産出量の上位8か国（万トン）

3章

3節

資源・エネルギー問題

3節 ❸ 再生可能なエネルギーへの移行

教科書：p.152-153

📖 Basic

③これからのエネルギーのあり方は？

a. 暮らしを支える電力

・（①＿＿＿＿）…私たちの暮らしを支えているエネルギーの主役

→（②＿＿＿＿）ができるようになったことで利用の可能性が広がった

b. これまでの発電方法

・国により資源の有無や自然条件が違う

→電源別発電量の構成比は国ごとに異なる

- （③＿＿＿＿）発電…河川の落差を利用。立地は山沿いに限られる
- （④＿＿＿＿）発電…石炭や石油など（⑤＿＿＿＿＿＿）を使用，
  資源に恵まれた国や先進国に多い
  消費地の近くに建設でき，発電量の調整も簡単
  化石燃料の燃焼により（⑥＿＿＿＿＿＿）を排出
  →環境への負荷が大きい
- （⑦＿＿＿＿）発電…少ない燃料から大量のエネルギーを得られる
  高度な技術が必要

→日本では（⑧＿＿＿＿＿＿）での事故を受け，計画が見直されている
解決が難しい問題も残る…廃炉や使用済み（⑨＿＿＿＿）の処理

c. 新しい発電方法

・（⑩＿＿＿＿＿）エネルギー…自然界に存在し（⑪＿＿＿＿）する心配がない

→自然状況に左右されるが，環境への負荷が小さな発電が可能

→各国で移行が進む

- （⑫＿＿＿＿）発電…火山活動が活発など地下に熱源のある地域で可能
  （⑬＿＿＿＿＿＿）では総発電量の4分の1を占める
- （⑭＿＿＿＿）発電…風の力を利用して行う発電
  デンマークでは（⑮＿＿＿＿＿）を利用して発電
- （⑯＿＿＿＿＿）発電…太陽光エネルギーを電気に変える
  地中海地域では強い日差しを利用した発電を行う

d. エネルギーの安定供給

・特定の発電所やエネルギー資源への依存…コストは低下するが，安定供給は難しい

→ 2018年：（⑰＿＿＿＿＿＿＿）地震
北海道の電力の約半分をまかなう発電所が緊急停止
→需給のバランスが崩れ，大規模な（⑱＿＿＿＿）が発生

・安定供給のためのさまざまな取り組み

- （⑲＿＿＿＿＿）…地域のエネルギーは地域の資源でまかなう
- （⑳＿＿＿＿＿＿＿）…電力の流れを需要と供給の双方向から制御

Words アイスランド　核燃料　化石燃料　火力　原子力　枯渇　再生可能　水力　スマートグリッド
太陽光　地産地消　地熱　停電　電力　二酸化炭素　発電　東日本大震災　風力　偏西風
北海道胆振東部

70

Work & Challenge

Work 次の図は「おもな国の電源別発電量の構成比」を示している。a 〜 h にあてはまる国名を候補から選び，記入しよう。

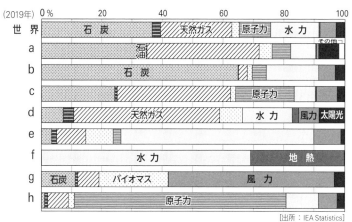

図　世界のエネルギー消費量とその内訳の推移

〈候補〉
アメリカ
アイスランド
イタリア
中国
デンマーク
日本
ブラジル
フランス

a		b		c		d	
e		f		g		h	

Challenge 次のそれぞれの発電方法の立地・利点・問題点を教科書 p.152, 153 の本文から読み取り，まとめよう。

	立地	利点	問題点
水力発電			
火力発電			
原子力発電			
地熱発電			
風力発電			
太陽光発電			

3節

❹ 鉱産資源の産出と消費

Basic

④資源をもつ国，もたない国の取り組みは？

a. 資源をもつ国，もたない国

- （①＿＿＿＿＿）は資源の種類により，分布が偏っている
  - （②＿＿＿＿＿）…埋蔵量や産出量が多く，精錬が簡単な金属
    - （例）鉄鉱石，銅
  - （③＿＿＿＿＿）…産出量・流通量の少ない金属
    - 工業技術の進歩に伴って重要度が増している
    - 埋蔵はごく限られた特定の国に集中

b. 資源大国ロシアとオーストラリア

- オーストラリアとロシア：鉱産資源が豊富，輸出の主要品目
  - オーストラリア…（④＿＿＿＿）や（⑤＿＿＿＿＿）の産出が世界1位
  - ロシア…（⑥＿＿＿＿）や（⑦＿＿＿），（⑧＿＿）が産出上位
  - →ともに国土が広く，気候や地形など（⑨＿＿＿＿）が厳しい
  - →（⑩＿＿＿＿）の建設や運用が難しく，加工せず輸出している
- 両国の鉱産資源の輸出は，国内の経済・社会を支えるとともに，（⑪＿＿＿＿）として影響力を強める→国際社会の不安定化

c. 資源保有国だった日本

- かつての日本は世界でも有数の資源保有国だった
  - （⑫＿＿＿）…九州北部，北海道→日本の近代化を支えた
  - （⑬＿＿）…（⑭＿＿＿），別子，小坂は三大銅山とよばれた
  - →第二次世界大戦までは日本は石炭・銅の輸出国
- 完全に枯渇したわけではないが，外国産の安い鉱産資源におされる
  - →現在の日本はほとんどを輸入にたよる

d. 資源確保への取り組み

- 日本は人口・経済規模と比べると，資源埋蔵量が乏しい
  - →日本では資源確保のためにさまざまな努力を続けている
    - 例）鉄くずやアルミ缶の回収→鉄やアルミニウムの（⑮＿＿＿＿）
- 大量に廃棄される使用済みの小型家電の回収…有用なレアメタルを回収
  - →鉱山に例えて（⑯＿＿＿＿）とよばれる
- 日本は広大な（⑰＿＿＿＿＿）をもつ
  - →海底の（⑱＿＿＿＿＿＿）や（⑲＿＿＿＿）の開発に期待
- 外国との共同開発や技術協力，輸入先の分散を進めている
- 不測の事態に備えて，国内各地に資源の（⑳＿＿＿＿）を設けている

Words　足尾　加工工場　金　鉱産資源　資源大国　自然環境　石炭　石油　鉄鉱石　天然ガス　銅　都市鉱山　熱水鉱床　排他的経済水域　備蓄基地　ベースメタル　ボーキサイト　メタンハイドレート　リサイクル　レアメタル

Work　次の地図は世界のおもな鉱山資源の分布を示したものである。

(1)　○は**赤色**で，△は**青色**で，□は**緑色**で着色しよう。

(2)　△，□，○，◆はそれぞれ何の資源をあらわしているのか，凡例に書きこもう。

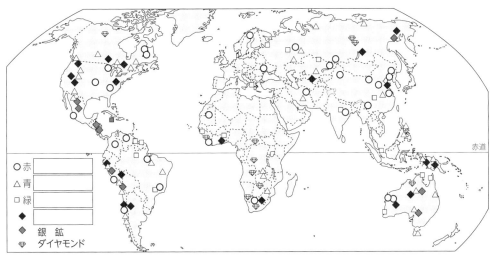

○	赤	
△	青	
□	緑	
◆		銀　鉱
◇		ダイヤモンド

図　世界のおもな鉱産資源

Challenge　次の図は，日本の鉱産資源の輸入先の割合とその自給率を示している。

(1)　A〜Eにあてはまる鉱産資源の名称を書きこもう。

(2)　図中の①，②にあてはまる国名を記入しよう。

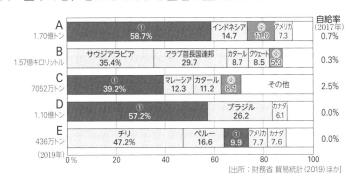

[出所：財務省 貿易統計 (2019) ほか]

A	
B	
C	
D	
E	

①	
②	

(3)　鉱産資源の自給率の低い日本は，資源確保に向け，さまざまな取り組みを進めている。教科書から読み取り，まとめてみよう。

4節 ① 地球温暖化の現状と将来

📖**Basic**

①地球温暖化が与える影響は？

a. あたたかくなる地球

- 地球の平均気温が上昇し，世界各地にさまざまな影響が出ている
- 大陸氷河が融解して (①＿＿＿＿＿＿) が発生
    - → (②＿＿＿＿＿) や太平洋の島々では，浸水や侵食のおそれ
    - → (③＿＿＿＿＿) の白化や生息域の移動など生態系へも影響
- 集中豪雨や熱波，干ばつなどの極端な気象現象→ (④＿＿＿＿＿＿) の影響
- (⑤＿＿＿＿＿＿＿＿＿＿＿＿＿＿＿＿ ＝ IPCC) の報告書
    - …極端な気象現象が増えると，動植物の絶滅リスクや人的影響が広がると予測

b. 地球温暖化のしくみ

- (⑥＿＿＿＿＿＿＿＿) …二酸化炭素やメタンなど
    - →赤外線を吸収して，大気の温度を保つはたらきをもつ
    - → 18世紀の (⑦＿＿＿＿＿) 以降，化石燃料の使用が増加
    - →大気中の二酸化炭素濃度は上昇
- さらに，(⑧＿＿＿＿) やインドなど発展途上国のエネルギー消費の拡大
    - →温室効果ガスの濃度は増加，地球の平均気温も上昇

c. 国際社会の取り組み

- (⑨＿＿＿＿＿) …国境をこえた緊急の課題で，国際的な協力が必要
- 1997年：(⑩＿＿＿＿＿＿) 採択
    - …先進国に対して温室効果ガスの削減を義務づけ
    - ↓　しかし，途上国の削減義務を一律除外
    - 排出量が急増する中国や (⑪＿＿＿＿＿) に適用されず，機能しなかった
- 2015年：(⑫＿＿＿＿＿＿) 採択
    - …共通の長期目標「世界の平均気温の上昇を産業革命前に比べて
    - (⑬＿＿＿) ℃未満，できれば1.5℃未満に抑えるよう努力する」
- 途上国を含むすべての締約国がそれぞれの温室効果ガスの削減目標を設定
- ただし，(⑭＿＿＿＿＿) は離脱→その後，復帰

d. 温暖化への緩和策・適応策

- (⑮＿＿＿＿) 策…温室効果ガスの排出を抑制し，温暖化に歯止めをかける
    - → (⑯＿＿＿＿＿＿＿＿＿＿＿) への移行，省エネ技術の開発，
    - 二酸化炭素を吸収する森林の保護など，各国が協力
- (⑰＿＿＿＿) 策…今後の気候変動を回避できないと捉え，事前に被害を軽減
    - →気象災害の防災対策や健康被害への予防対策など
    - → (⑱＿＿＿＿) の作付け時期をずらしたり，高温に強い品種の導入

Words アメリカ　インド　インド洋　温室効果ガス　海面上昇　緩和　気候変動
気候変動に関する政府間パネル　京都議定書　再生可能エネルギー　産業革命　サンゴ
地球温暖化　中国　適応　農産物　パリ協定　2

✎Work & Challenge

Work 次の図は，国・地域別の二酸化炭素排出量を示したものである。

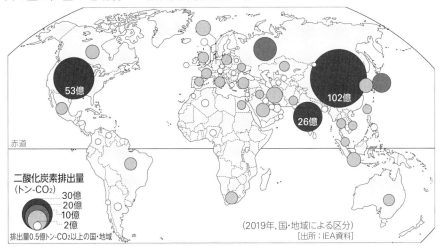

図　国・地域別の二酸化炭素排出量

(1) 二酸化炭素排出量の多い上位 5 か国をあげよう。

1位		2位		3位		4位		5位	

(2) 二酸化炭素排出量の多い国や地域はどのようなところに偏っているだろう。図から読み取れることをまとめてみよう。

Challenge 温暖化ストップに私たちができることを考えてみよう！

(1) 日本での二酸化炭素排出量の約 2 割は私たちの日常生活から生まれている。次の家庭からの二酸化炭素排出量を示した図を参考に，あなたができる温暖化対策をあげてみよう。

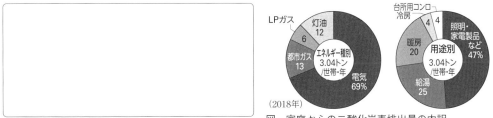

図　家庭からの二酸化炭素排出量の内訳

(2) 二酸化炭素の排出量の残りの約 8 割は，企業の産業部門から排出されている。企業・自治体の温暖化対策について調べてみよう。

📖 Basic

②なぜ，熱帯林は減り続けているか？

a. 熱帯林の減少とその影響

（① ＿＿＿＿＿＿）…世界の陸地面積の約 15％を占めるが，近年減少傾向

その結果→資源の枯渇，自然災害の増加，生態系への影響，温暖化の加速

b. アマゾンの熱帯林破壊

・熱帯林破壊の原因は，木材の（② ＿＿＿＿＿＿）や大規模な農地への転用

・世界最大の熱帯林が広がる（③ ＿＿＿＿＿＿）川流域

→横断道路建設などの開発，アマゾン南部半乾燥帯，輸出用大豆栽培

・伐採により（④ ＿＿＿＿＿＿）がおきやすくなり，森林減少につながっている

c. 油やしへの開発伐採

・東南アジアのスマトラ島やカリマンタン島では熱帯林を伐採

→その土地を（⑤ ＿＿＿＿＿）のプランテーション農園として利用

・（⑥ ＿＿＿＿＿＿）…油やしから採取，食用油やマーガリンの材料

d. 保護に向けた取り組み

・1986 年：（⑦ ＿＿＿＿＿＿＿＿＿＿＝ ITTO）設立：生産国と消費国の間で国際協力

・（⑧ ＿＿＿＿＿＿＿＿＝ FSC）の普及：森林保全に向けた検証制度

③乾燥地域で何がおこっているか？

a. 深刻化する砂漠化とその影響／砂漠化の要因

・（⑨ ＿＿＿＿＿＿）…砂漠の周辺地域で進行，およそ9割が発展途上国

↓ 生活の悪化に直結し，乾燥して土壌が劣化すると土地を放棄する人々も

水と食料を求めて，（⑩ ＿＿＿＿＿＿）が生じている

砂漠化の要因	①気候的要因	（⑪ ＿＿＿＿＿＿）の影響を受けやすく，雨量の変化によって干ばつや乾燥化が発生し，砂漠化が進行
	②人為的・社会的要因	・家畜の（⑫ ＿＿＿＿＿＿），土地を酷使して地力を失わせる（⑬ ＿＿＿＿＿＿），薪炭材や用材を得るための樹木の（⑭ ＿＿＿＿＿＿） ・灌漑によって地表に（⑮ ＿＿＿＿＿）が集積

b. アラル海の枯渇

・アラル海…アムダリア川と（⑯ ＿＿＿＿＿＿）川が流れこむ湖

・1960 年代からソ連による（⑰ ＿＿＿＿＿＿）による灌漑事業が行われ，

流域は（⑱ ＿＿＿＿）の一大生産地になった

↓ しかし，二つの河川の流量が激減，アラル海の面積は縮小

・農地の塩類化や干上がった湖からの砂嵐で健康を害するなどの二次被害が発生

c. 砂漠化防止への取り組み

・1996 年：砂漠化を防止する（⑲ ＿＿＿＿＿＿＿＿＿＿＿＝ UNCCD）発効

Words 　油やし　アマゾン　塩類　過耕作　過伐採　過放牧　環境難民　気候変動　国際熱帯木材機関
国連砂漠化対処条約　砂漠化　自然改造計画　商業伐採　シルダリア　森林火災
森林認証制度　熱帯林　パーム油　綿花

Work & Challenge

Work 右の図は，熱帯林破壊の影響の関係を示した因果関係図である。空欄の①〜⑥に当てはまる語句を記入しよう。

①	
②	
③	
④	
⑤	
⑥	

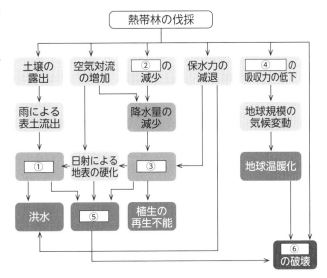

Challenge 次の図は，世界の砂漠と砂漠化の進行について示したものである。

(1) 教科書 p.162 図**3**を参考にして，砂漠化の進行が非常に激しい地域を**赤色**で着色しよう。

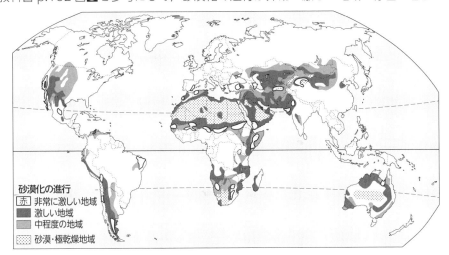

図 世界の砂漠と砂漠化の進行

(2) 教科書 p.167 の SDGs の開発目標の視点から，砂漠化の対策について考えてみよう。

◉ SDGs の目標を一つ選ぼう

◉ 具体的な対策について考えてみよう

教科書:p.170-171

Basic

①日本の自然環境の特徴は？

a. 変動帯に位置する日本

- 国土の7割以上を (①_____) が占める→残りの平野に国民の8割が居住
- プレートが集まる (②_____) に位置
    →糸魚川・静岡構造線や中央構造線などの大きな断層帯が日本列島を通る
- 海洋プレートが大陸プレートの下に沈みこむ運動によってできた (③_____)
をなしている
- 活発な地殻変動によって土地が隆起→中央部に背骨状の山脈を形成
    - 太平洋側の海底 [深さ9000mをこえる溝状の (④_____)
                    深さ6000mより浅い細長い海底盆地… (⑤_____)
    →海溝やトラフに沿うように (⑥_____) が連なる

b. 人々が生活する平野

- 日本の河川：勾配が急で流路が短く，(⑦_____) が狭い
    →豪雨になると水量が急激に増加し，(⑧_____) の変化が大きい
- 河川による地形：雨によって侵食された大量の土砂が河川に流入
    →下流に堆積して氾濫原や (⑨_____) をつくる
- 三大都市 (東京・大阪・名古屋) も河川に面した平野に発達している
    →古くから，生活用水や農業用水，物資の運搬に川や海を利用

c. 四季に富んだ日本の気候

- 日本列島の大部分は (⑩_____) に属し，(⑪_____) がはっきりしている
- 年間降水量は約1700mm…季節ごとの変動が大きい
- 南北に細長い国土，太平洋側と日本海側を隔てる山脈→気候の地域差が大きい
- 冬と夏に (⑫_____＝季節風) が吹く
    [冬：(⑬_____) 気団による北西からの冷たく乾燥した風
        →日本海側に大量の雪，太平洋側は晴れて乾燥
      夏：(⑭_____) 気団による南東からの暖かく湿った風
        →太平洋側に雨が多く，日本海側は乾燥
- 夏：最高気温が35℃をこえる (⑮_____) や夜間の最低気温が25度をこえる
    (⑯_____) の増加
- 夏の前：(⑰_____) が1か月ほど停滞して雨が続く
- 夏から秋にかけて：熱帯低気圧が発達し，(⑱_____) となって接近
- 8月から10月：(⑲_____) が停滞すると長雨

d. 自然の恵みと脅威

- 豊かな自然環境をはぐくむと同時に自然災害をもたらす
- 住む地域によって，発生しやすい (⑳_____) が異なる

Words　秋雨前線　小笠原　温帯　海溝　火山　弧状列島　災害　三角州　山地　四季　シベリア
台風　トラフ　熱帯夜　梅雨前線　変動帯　猛暑日　モンスーン　流域面積　流量

Work & Challenge

Work 教科書 p.170 図**3**「日本付近のプレート」を参考にして，次の問いに取り組もう。

(1) 下の日本地図の空欄に名称を記入しよう。

(2) プレート境界の線を**赤色**でなぞろう。

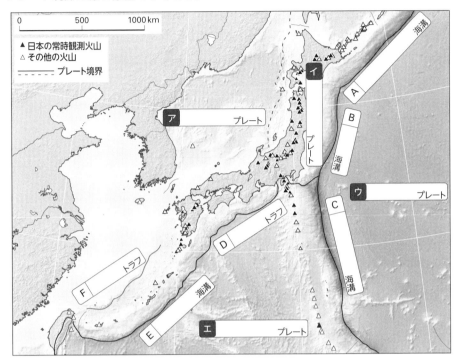

Challenge 教科書 p.171 図**7**を参考にして，日本の降水量と気温の変化について考えてみよう。

(1) 1月と7月の降水量が 400mm をこえる地域を，**青色**で着色してみよう。

(2) 右側の三つの雨温図は，図中の A 〜 C のうち，どこの都市のものだろうか。冬季，夏季の
降水量や気温から判断してみよう。

①		②		③	

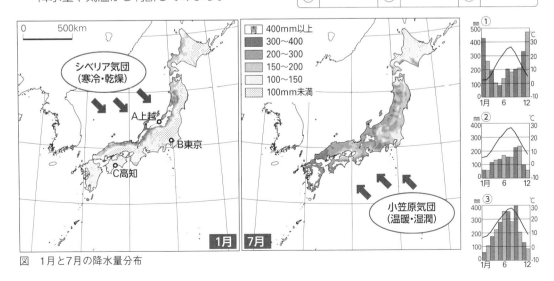

図　1月と7月の降水量分布

教科書：p.174-175, 180-181

Basic

②風水害に備えるには？

a. 風水害の発生

・降水によって起こる災害…（①＿＿＿＿＿＿＿）や秋雨前線の停滞，（②＿＿＿＿）の通過，（③＿＿＿＿＿＿＿）による集中豪雨によって洪水が発生

　→（④＿＿＿＿＿＿）：河川が増水して，堤防からあふれておこる浸水

　（⑤＿＿＿＿＿＿）：下水管の排水能力が追いつかずに発生する浸水

・降水以外によっておこる災害…台風などの熱帯低気圧による暴風

　　　　　　　　　→家屋の倒壊や沿岸部で（⑥＿＿＿＿）が発生

b. 土砂災害の被害

・日本は山地が多い→長雨や集中豪雨で崖崩れや（⑦＿＿＿＿＿）や，土砂崩れが発生

c. 風水害に備える

・ハード面での対策…構造物による対策

　・川の上流部には（⑧＿＿＿＿），河岸には堤防を建設

　・洪水時の河川の水量の調整のために（⑨＿＿＿＿＿），土石流の危険のある渓流には（⑩＿＿＿＿＿＿）を設置

　→構造物の設置だけではなく，流域全体の（⑪＿＿＿＿）の見直しを推進

・ソフト面での対策…情報の活用による対策

　→（⑫＿＿＿＿＿＿＿＿＿＿）や土砂災害ハザードマップなどの活用

③火山災害に備えるには？

a. 活発な火山活動／火山の被害

・噴火による被害：マグマが火口から噴出する（⑬＿＿＿＿＿）

　　　　　　　噴出物が斜面を高速で流れ下る（⑭＿＿＿＿＿）が発生

　→火山活動で堆積した火山灰や土砂が雨によって土石流を引き起こす

・日本の火山災害

　1991年（⑮＿＿＿＿＿）の噴火…大規模な火砕流と雨による土石流の発生

　2014年（⑯＿＿＿＿）の噴火…登山者などが多数被害

　鹿児島県の（⑰＿＿＿＿）…火山灰が日常的に降灰→農作物への被害

b. 火山災害に備える

・自治体が作成する（⑱＿＿＿＿＿＿＿＿＿）や防災避難計画の利用

　→噴火の状況によって想定被害や避難方法が違うことに注意

・気象庁による24時間体制の監視（50の活火山）→噴火警戒レベルの発表

c. 火山の恩恵

・（⑲＿＿＿＿＿＿）…再生可能エネルギーの一つで，東北地方や九州地方に多い

・温泉や，地形のなりたちを学ぶ（⑳＿＿＿＿＿）…地域の観光資源

Words　雲仙普賢岳　御嶽山　外水氾濫　火砕流　火山ハザードマップ　桜島　砂防ダム　ジオパーク
水害ハザードマップ　線状降水帯　台風　高潮　ダム　治水　地熱発電　土石流　内水氾濫
梅雨前線　遊水地　溶岩流

Work & Challenge

Work 教科書 p.180 図**4**を参考に，火山災害の被害 A ～ F について記入しよう。

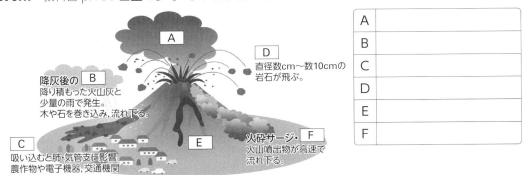

降灰後の B
降り積もった火山灰と
少量の雨で発生。
木や石を巻き込み，流れ下る。

D
直径数cm～数10cmの
岩石が飛ぶ。

C
吸い込むと肺・気管支に影響。
農作物や電子機器，交通機関
にも被害が出る。

火砕サージ・F
火山噴出物が高速で
流れ下る。

[出所：「熊本県防災ハンドブック」より]

A	
B	
C	
D	
E	
F	

Challenge 風水害や土砂災害について，考えてみよう。

(1) 河川の氾濫には次の二つのタイプがある。それぞれのしくみについて，説明しよう。

(2) 近年，時間雨量 50mm をこえるようなゲリラ豪雨が増加し，台風や豪雨による風水害も毎
年のように発生している。氾濫を防ぐために，流域全体で水害を防ぐ総合的な治水が求められ
ている。教科書 p.175 図**7**を参考にして，流域治水について空欄①～⑥を埋めよう。

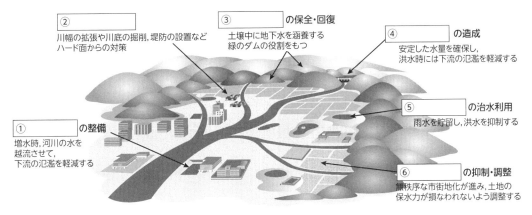

② 　　　　　
川幅の拡張や川底の掘削，堤防の設置など
ハード面からの対策

③ 　　　　　の保全・回復
土壌中に地下水を涵養する
緑のダムの役割をもつ

④ 　　　　　の造成
安定した水量を確保し，
洪水時には下流の氾濫を軽減する

⑤ 　　　　　の治水利用
雨水を貯留し，洪水を抑制する

① 　　　　　の整備
増水時，河川の水を
越流させて，
下流の氾濫を軽減する

⑥ 　　　　　の抑制・調整
無秩序な市街地化が進み，土地の
保水力が損なわれないよう調整する

(3) 台風や大雨が長引く場合，どのような情報を得て自分の行動に気をつければよいだろうか。
得られる情報や手段について，あげてみよう。

情報：

手段：

Basic

④地震や津波の災害に備えるには？

a. 地震が多発する日本／活断層でおこる地震

- 日本列島は四つのプレートが集まる (①_____) に位置→地震が頻繁に発生
- プレートがぶつかり合う→ひずみによって岩盤の弱い部分で断層が生じ，地震が発生
  →特に (②_____) では繰り返し地震が発生…日本には約 2000 の活断層
  (例) (③_____) 地震 (1995 年)，熊本地震 (2016 年)

b. プレート境界でおこる地震

- 大陸プレートの下に海洋プレートが沈みこむ→ひずみが一気に解放されて地震が発生
  →太平洋プレートが沈みこむ (④_____) や，フィリピン海プレートが沈み
  こむ (⑤_____) で大きな地震が発生
- 海溝近くで発生するため，比較的震源が深く，広い範囲で長い時間の揺れが発生
  (例) 三陸地震 (1933 年)，(⑥_____) 地震 (2011 年)

c. 地震災害に備える／津波の被害

- 地震が発生→海底面が上下方向に動き海水が押し上げられ (⑦_____) が発生

⑤都市型災害に備えるには？

a. 都市型災害の発生／社会・経済への影響／都市生活への地震被害と対策

- 都市部での災害 (＝⑧_____) …都市特有のリスク
- 鉄道などの交通機関が停止→ (⑨_____) が発生
- 建物の被害を防ぐため，巨大地震のたびに (⑩_____) の見直しを実施
  →揺れを伝えない (⑪_____) や揺れを吸収する (⑫_____) の建物も増加

b. 都市生活への浸水被害と対策

- 都市部では気温が周辺よりも高くなる (⑬_____) 現象が発生
  →上昇気流の発生→ゲリラ豪雨などの (⑭_____) が発生
- 都市は舗装が多いため，都市特有の浸水が発生→遊水地や地下貯水施設の整備

⑥防災と減災に向けてできることは？

a. 災害時に備えるタイムライン

- 地域の特性の理解… (⑮_____) の活用や地域の避難訓練への参加
- 防災関係機関の防災行動計画 (＝⑯_____) の確認

b. 自助・共助・公助／災害後の復旧・復興

- 災害発生時 ┌ (⑰_____) …自分の命を守る行動をとる
  │ (⑱_____) …近隣の人々と協力し，救助・消火活動を行う
  └ (⑲_____) …警察や消防，自衛隊などの公的機関の支援を受ける
- 復興には被災地域外からの (⑳_____) 活動などの支援が欠かせない

Words 活断層　帰宅困難者　共助　局地的大雨　公助　自助　制震　耐震基準　タイムライン　津波
東北地方太平洋沖　都市型災害　南海トラフ　日本海溝　ハザードマップ　ヒートアイランド
兵庫県南部　変動帯　ボランティア　免震

Work & Challenge

Work 下のハザードマップについて，考えてみよう。

作業1　津波の浸水に注意が必要な地域を**青色**で着色しよう。

作業2　土砂災害警戒区域を**赤色**で着色しよう。

作業3　地図中の避難所のうち，次の場合に避難をしてはいけないと考えられる避難所の番号を

答えよう。

地震によって津波が発生する危険性がある場合	
大雨で土砂災害の危険性がある場合	

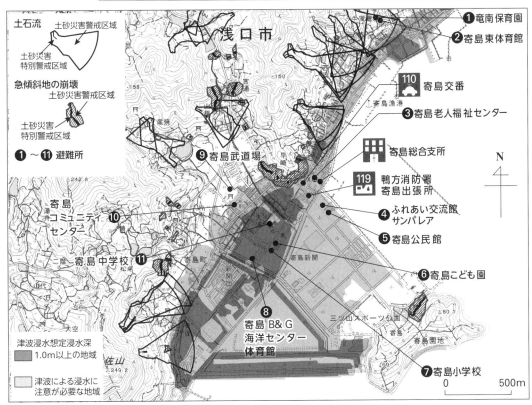

津波浸水想定区域は，岡山県が平成25年3月に公表した
「南海トラフ巨大地震（M9.1）による津波浸水想定区域」をもとに作成。

図　岡山県浅口市（寄島地域）津波・土砂災害ハザードマップ
（令和2年3月現在）

Challenge　自分の住む地域の災害について，調べてみよう。

わがまち
ハザードマップ

(1)　「わがまちハザードマップ」のウェブサイトをみて，住んでいる地域にどのよう

なハザードマップが用意されているか，調べよう。

「わがまちハザードマップ」https://disaportal.gsi.go.jp/hazardmap/index.html

ハザードマップの種類：「洪水」「内水」「高潮」「津波」「土砂災害」「地震危険度」

「火山」「宅地」

(2)　J-SHISのウェブサイトの確率論的地震予測地図にアクセスして，住んでいる地域の

今後30年に予測される地震の発生確率をみてみよう。

防災科学技術研究所『地震ハザードステーション（J-SHIS）』https://www.j-shis.bosai.go.jp/

揺れの強さ	震度5弱以上	震度5強以上	震度6弱以上	震度6強以上
発生確率	%	%	%	%

📖 Basic

①地域の課題をみつけ，調べるには？

a. 地域的課題の発見

日本における（①＿＿＿＿＿＿＿）…一口に地域といってもその状況はさまざま

・（②＿＿＿＿＿＿）…都市の過密化，地方の過疎化など

・（③＿＿＿＿＿＿）…介護・医療環境の不足，一人暮らし高齢者の増加など

・（④＿＿＿＿＿＿＿）…道路，建物などの老朽化，自然災害への対策など

→どのような問題がおきていて，その背景は何か→調査テーマの設定

b. 調査の方法と結果のまとめ

調査テーマを設定後，課題の調査

・（⑤＿＿＿＿＿）…地域の特徴や調査テーマに関する状況を（⑥＿＿＿＿）や（⑦＿＿＿＿）で把握

・（⑧＿＿＿＿）の設定…その状況の要因が何であるかの見通しをつける

→要因を詳しく整理，分析

・（⑨＿＿＿＿＿＿）…仮説が正しいかどうかを確認できるような調査方法の選択

→観察，聞き取り　→結果によっては，仮説の立て直しが必要

・調査テーマを決めるためには，全体の構造を把握する必要がある

→カードを使って情報を整理する（⑩＿＿＿＿＿）も有効

地理のスキルアップ⑮　インターネットの統計ツールで地域を調べてみよう

・地域経済分析システム（＝⑪＿＿＿＿＿＿）…自治体ごとの統計を地図化・グラフ化

…県単位だけでなく（⑫＿＿＿＿＿＿）でみられるものもある

→現状を具体的に把握したり，ほかの自治体と比べる

→地域の（⑬＿＿＿＿）をみつけることができる

地理のスキルアップ⑯　デジタル地図で地形と鉄道の変遷をみてみよう

a. 地理院地図でみる地形と土地利用

・色別標高図や断面図の利用…関東から信州へ抜ける交通の要所…（⑭＿＿＿＿＿＿）

古い街道沿いの宿場…（⑮＿＿＿＿＿）宿と（⑯＿＿＿＿＿）宿

・道路の変遷…（⑰＿＿＿＿＿）→碓氷バイパス→（⑱＿＿＿＿＿＿＿＿）

地域開発…ショッピングプラザ，ゴルフ場，スキー場

b. 旧版地形図でみる軽井沢駅周辺の変遷

・旧版地形図の利用による新旧地形図の比較

→（⑲＿＿＿＿＿＿）で過去の地形図を表示し，町の変遷を確かめる

鉄道の変遷 ⎡軽井沢と草津を結ぶ草軽鉄道の開通→草軽鉄道の廃止
　　　　　　⎣アプト式の軌道（信越線→信越本線）→（⑳＿＿＿＿＿）の開通

Words　インフラ整備　碓氷峠　仮説　軽井沢　現地調査　今昔マップ　坂本　事前調査
少子高齢化　上信越自動車道　新幹線　人口の偏在　地域的課題　地図　町村単位　特徴
中山道　文献　KJ法　RESAS

Work & Challenge

Challenge 今昔マップを使って，千葉県おゆみ野ニュータウンの開発をみてみよう。

(1) ニュータウンの開発前からあった有吉（ありよし）の集落について述べた次の文章ア〜オについて誤っているものが二つある。二つの組み合わせを，①〜⑩のうちから一つ選ぼう。

ア　地名を残していたり寺の位置が同じなど，もとの集落を尊重している。

イ　有吉の集落はおもに台地上に位置している。

ウ　集落の形状はそのまま保全されている。

エ　集落内の道路の形状は変更されている。

オ　おゆみ野ニュータウンのなかでは，有吉の周囲は早い時期に開発された。

①アイ　②アウ　③アエ　④アオ　⑤イウ　⑥イエ　⑦イオ　⑧ウエ　⑨ウオ　⑩エオ

(2) ニュータウン開発に際して行われた土地の造成について述べた次の文章のア〜ウに当てはまる語句を答えよう。語句には，アとイには「盛土（もりど）」「切土（きりど）」が，ウには「谷津（やつ）」「台地上」のいずれかが入る。

ア		イ		ウ	

もとは台地と比較的広い谷津が交互に織りなす地形であった。このため，ニュータウン開発に際して土地の造成が必要であった。鎌取（かまとり）駅の南側は平坦な広い土地にするために（　ア　）が行われた。鎌取駅の南部，有吉の集落の北側を通る基幹道路建設の際には（　イ　）が行われ，これによってニュータウン内の道路と立体交差がしやすくなった。いくつかの広い公園などはもとの（　ウ　）の部分に沿って配置されるなど，昔からの地形を生かす工夫も行われている。

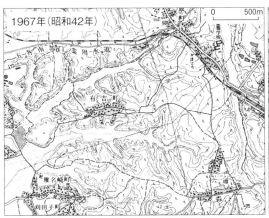

1967年（昭和42年）

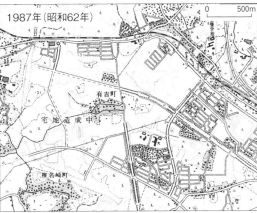

1987年（昭和62年）

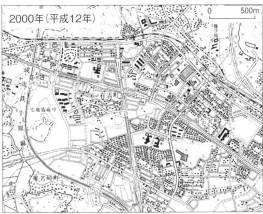

2000年（平成12年）

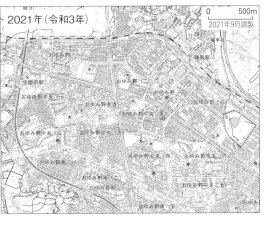

2021年（令和3年）　2021年9月調製

📖 Basic

②調査テーマの設定と事前調査の方法は？

a. 地域の課題の発見／調査テーマの設定／事前調査／仮説の設定

・地域の課題の発見：観光客集中と（①＿＿＿＿＿）…観光客の季節変化

・（②＿＿＿＿＿＿＿＿）の設定：観光地化による課題…ゴミ問題，マナー違反，渋滞

・事前調査：統計・資料による調査…観光地になった経緯や現状

　→役所で町の紹介資料と（③＿＿＿＿＿＿）を入手

　　…数値の変化や，ほかの地域と比較することで軽井沢の特徴を見出す

　→年間観光客の（④＿＿＿＿＿）による偏りが大きい

・（⑤＿＿＿＿）の利用…各時代のものや地形図，住宅地図，空中写真

・役所・図書館・郷土資料館…市勢要覧，役所の部署の統計，郷土資料など

・（⑥＿＿＿＿）の設定…事前調査を踏まえた観光開発の是非

③現地調査の進め方は？

a. 観光客への聞き取り／地元住民への聞き取り

・（⑦＿＿＿＿＿＿＿）…その場所のようすを詳しく観察する

・（⑧＿＿＿＿＿＿＿＿＿）…簡単な項目でたくさんの回答を得る

・（⑨＿＿＿＿＿＿＿＿）…内容を掘り下げて知る

④調査結果を分析し，発表するには？

a. 調査結果の分析・考察／まとめ・発表

・分析・考察…得られたデータを項目ごとに整理，読み取れることをまとめる

　→（⑩＿＿＿＿＿＿）したり，（⑪＿＿＿＿＿）で示したり，グラフや図で表現する

　→問題解決に向けては，さまざまな立場を尊重しながら進める必要

・まとめ・発表…結果をポスターや（⑫＿＿＿＿＿＿＿＿＿＿＿）ソフトにまとめる

　→発表し，課題の（⑬＿＿＿＿＿＿）を提案

　→（⑭＿＿＿＿＿）や日本地理学会のポスターセッションにて公表するとよい

　→調査に協力してもらった人々に（⑮＿＿＿＿＿＿）を報告し，意見を伺う

人 口	国勢調査：国内の人口や世帯に関する統計	総務省統計局	5年ごと
住 宅	住宅・土地統計調査：住宅と居住世帯の生活状況の統計	総務省統計局	5年ごと
経 済	経済センサス：事業所・企業の基本統計	経済産業省	5年ごと
	経済構造実態調査：経済センサスの中間年を補完	経済産業省	経済センサス実施年以外
農林水産業	農林業センサス：農業や林業に関する基本統計	農林水産省	5年ごと
工 業	工業統計調査：工業に関する基本統計	経済産業省	毎年
サービス業	サービス産業動向調査：生産・雇用などの動向	総務省統計局	月次調査
家 計	家計調査：家計の収入・支出，貯蓄・負債に関する統計	総務省統計局	月次調査
物 流	物流センサス：貨物流動の発着地別の統計	国土交通省	5年ごと

表　地域調査で使用する資料の種類と入手先一覧表

Words アンケート調査　解決法　仮説　聞き取り調査　季節　景観観察　混雑　写真　地図　地図化
調査結果　調査テーマ　統計資料　プレゼンテーション　文化祭

Work & Challenge

Challenge 自分の住む地域の課題について，以下の項目から考えてみよう。

(1) 総務省統計局が提供している「地域のレーダーチャート・ランキング」のサイトでは，知りたい地域のデータや全国や都道府県内の平均と比較した位置づけを調べることができる。住んでいる市区町村を設定し，統計値や順位を調べてみよう。また，レーダーチャートを書き写し，全国平均との関係もみてみよう。

地域のレーダー
チャート・ランキング

市区町村名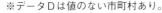

全国の市町村を比較対象とした偏差値

		データ		順位	
A	人口増減率		%	位 /	中
B	転入超過率 (日本人移動者)		%	位 /	中
C	課税対象所得 (納税義務者1人当たり)		千円	位 /	中
D	持ち家比率		%	位 /	中
E	一般診療所数 (人口10万人当たり)			位 /	中
F	介護老人福祉施設数 (65歳以上人口10万人当たり)			位 /	中

※データDは値のない市町村あり。

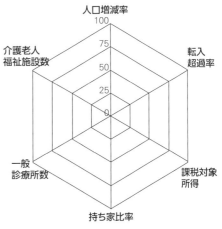

(2) 次に，同サイトにある人口ピラミッドで，住んでいる市町村の人口ピラミッドをみてみよう。下記ウィンドウを表示し，アニメーションの再生ボタンを押すと，人口ピラミッドの推移を追うことができる。1980年，2000年，2020年，2040年の人口ピラミッドの型を記入しよう。

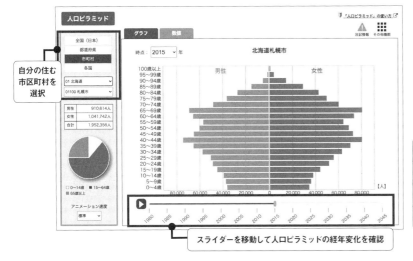

統計ダッシュボード
人口ピラミッド

1980年	型
2000年	型
2020年	型
2040年	型

(3) 上の二つの設問で作成された資料を踏まえ，自分の住んでいる地域がかかえる課題についてまとめてみよう。

🔍 Work & Challenge　3D 地図で世界を追ってみよう

Work　次の地点①〜③の地形について，地理院地図の 3D 機能を活用して観察してみよう。

手順①　地理院地図でそれぞれの地点を検索し，3D にしたい地点を中央に配置しよう。

手順②　メニュートップから「標高・土地の凹凸」の陰影起伏図と赤色立体図を選択しよう。

手順③　「ツール」の「3D」を選択しよう。地形を読み取りやすいよう，方向や角度を変えてみよう。

地点① 諏訪湖 (教科書 p.170 写真 **1**)

中央構造線と糸魚川・静岡構造線の交わる点として，その断層のようすを追ってみよう。

地点② 箱根の外輪山 (教科書 p.181 図 **1**)
芦ノ湖となっているへこみはどこにあたるだろう。

地点③ 沼田市の河岸段丘 (教科書 p.52 図 **1**)
河川沿いに段丘は何段確認できるだろう。

Challenge　海外にも，地理院地図のような官製のウェブ地図が提供されている国がある。スイスの「Maps of Switzerland」でマッターホルン (Matterhorn) を検索して，ハイキングコースをみてみよう。

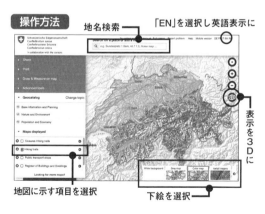

スイス官製地図 のURL：https://map.geo.admin.ch/
(この例はパソコンでの実行画面)

3D表示を使ってツェルマット(Zermatt)から見上げるマッターホルン